教师的自醒力

青年教师快速成长的五个关键

王福强◎著

CNS PUBLISHING & MEDIA | 湖南人民出版社 · 长沙

图书在版编目（CIP）数据

教师的自醒力 / 王福强著. 一长沙：湖南人民出版社，2022.6（2024.4）
ISBN 978-7-5561-2920-1

I. ①教… II. ①王… III. ①师资培养—研究 IV. ①G451.2

中国版本图书馆CIP数据核字（2022）第073398号

教师的自醒力
JIAOSHI DE ZIXINGLI

著　　者：王福强
出版统筹：陈　实
监　　制：傅钦伟
责任编辑：田　野　姚忠林
责任校对：李好霏
特邀编辑：张　靓
封面设计：刘　哲

出版发行：湖南人民出版社［http://www.hnppp.com］
地　　址：长沙市营盘东路3号　　邮　　编：410005　　电　　话：0731-82683357

印　　刷：长沙超峰印刷有限公司
版　　次：2022年6月第1版　　印　　次：2024年4月第3次印刷
开　　本：880 mm × 1230 mm　1/32　　印　　张：9.375
字　　数：250千字
书　　号：ISBN 978-7-5561-2920-1
定　　价：52.00元

营销电话：0731-82683348（如发现印装质量问题请与出版社调换）

目录

第二辑 师生之间如何相处

第三辑 教学是一门艺术

第四辑 研究让教学更精彩

代 序

送给老师的三句话

第一句：当老师千万不要妄自菲薄

好教师是瞧得起自己的人。多年前，一个同事跟我说，她很多年没回老家了，春节时回去，恰巧碰到初中同学聚会，结果，在被问到现在做什么工作时，她竟鬼使神差地没有告诉大家自己是一个教师，反倒说自己开了个小店儿，做点小买卖。在她心里，自己混了十几年，就挣着那么三五千块钱的工资，连房贷都还不起，说出来真的丢人。

老师的工作很苦、很累，待遇不高。但这并不是说，老师就应该是寒酸、窝囊的代名词。

相反，当老师的，不能妄自菲薄、自轻自贱。无论多么艰辛，这个行业必然要有人做下去，否则，人类的文明如何传承?

知本时代，知识就是最大的资本，那些贫困的、毫无优越家庭背景的孩子，通过刻苦的学习也能从偏远的山沟里走出来，走到社会的大舞台上。这是以前农耕时代、工业时代难以做到的。而教师，无疑就是改变他人命运的重要推动者。

这，还不足以让我们感受到那份高尚吗？真正的老师，永远不会自怨自艾。不得不说，很多老师的痛苦，是自己强加于己的。

好教师是能赢得尊严的人。有人说,教师的待遇低,当然没有尊严。或许有一定的道理，但并不绝对。

抗战期间，西南联大的教授们，大多面有菜色、衣仅蔽体，却为中国乃至世界培养了一大批杰出的英才，赢得了世人的尊重。

清贫无损于他们作为教师的尊严。社会思潮与价值观念的多元化，也许是教师尊严受到冲击的重要原因。但在很大程度上，尊严是被我们自己从手上弄丢了，我们必须自己找回来，而不能奢望别人的施舍。

要尊严就要守得住职业底线。在形形色色的利益诱惑下，一些教师迷失了方向。有极少数教师以教谋私，搞有偿家教，推销教辅资料及其他商品；有极少数教师道德失范，“惯于”体罚和变相体罚；有极少数教师把利益当作人生目标，想方设法向学生和家长“伸手”；等等。这些都在一定程度上损害了教师的良好声誉。当我们不能给学生尊严，却反过来奢求学生给我们尊严的时候，我们想想，这可能吗？

要尊严还得提高专业水准。为什么一个小学都没有读过的家长，到学校来，都可以对班主任、老师的做法指指点点？难道只能怪家长没素质、没修养吗？如果我们有深厚的理论做支撑，能够更科学地工作，能够准确洞悉学生的心理，能够把解决实际问题的方案细化到让人心服口服，是不是就会少了很多质疑？如果得过且过，抱着自己那点可怜的经验不放，懒得思考，墨守成规，工作方式简单、粗暴，就无法赢得别人的信任。在这种情况下，尊严又从何而来？

第二句：做教育就是要做好自己

好教师擅长“向内看”。教育就是人的传递，是通过教师与学生的互动，实现人类文明成果的一代代传承。传承最基本的桥梁就是教师。

教师无激情，则学生无激情；教师无规范，则学生无规范；教师无思想，则学生无思想。教师想要学生成为什么样的人，自己就要首先成为什么样的人。

所以，可以说：我，就是教育。

一个教师，是不是“跪着”教书，完全没有精神的独立？是不是擅长打太极，没有担当精神，善于推卸责任？是不是把自己的灵魂出卖，做着有违常识的事，还辩解说：“大家不都是这样子吗？”

教师的人格，就是教师的一切。教师对人、对事的基本判断，时时刻刻影响和左右着学生。不论你是一个什么样的人，当你站在学生面前，你就成为了教育。不论你怎样教育学生，学生都会受你的影响，你都会给学生打上深深的烙印。这个烙印，可能会让学生受益终身，也可能毁掉学生一辈子。

好的老师擅长“向内看”，擅长自我觉醒、自我提升，由管理和改造他人的冲动，转向认识和修正自己。当我们达到一定状态以后，走进教室，走进校园，也许不用说话，随意流露一点什么，学生就能吸收我们流露出来的东西。这个状态具有大智慧，就像一杯水，满了以后会从杯口流出来，我们的学生主动去吸收，那才是教育。

好教师自由而独立。吴非先生告诫教师：不跪着教书！这里的“跪着”，并不是指外在的身体，而是指内在的精神。

在教育界，流行着这样的现象：老师失去思考的能力和习惯，大脑麻木、迟钝，心甘情愿成了教材的传声筒和复印机，不敢有独立见解，离开书本和教材的“拐杖”，就只能成为寸步难行的“残疾”；教师屈服于应试教育，热衷于各种奖项、荣誉的获得，成了考试分数或各种比赛的顶礼膜拜者，热热闹闹搞课改，老老实实抓升学，以致演化到缺少终身学习、提高专业水平的习惯，不仅思想贫血，而且专业缺钙，成了没水平、没底气，被学生和家长看不起的教师。凡此种种，与跪着何异？

近年来，我接触到一大批有思想、有血性、有骨气、有独立精神和自由灵魂的教育工作者，看到了他们“以绝望之心，做希望之事”的勇气和韧性。让我坚信，尽管现实那么苍白，但我们每个人都可以高呼“我心中的信念不会消逝”，我们每个人都可以成为“戴着镣铐跳舞”的人，每个人都可以秉承着“能救一个是一个”的信仰，我们的教育永远不会失去希望。

站直了，别趴下！让生命有那么一点点高度，教育才有希望，教师和学生才有希望！

第三句：想幸福就要经营诗意人生

好教师是精神丰盈的人。没有教师的幸福，不可能有学生的幸福。一个精神贫困的人，一个毫无情调的枯燥的人，一个整日忧心忡忡、愁眉苦脸的人，必将是一个缺乏人格魅力的人，也很难获得幸福。

当一个教师走进校园走上讲台时，他不会带着满脸的悲愁与沧桑去面对几十双干净而富有活力的眼睛。即使不顺心，也不会怨天尤人、气急败坏，而是能用宽容、善良甚至怜悯的胸怀去化解一切。

二十多年前，我在农村中学教书时，工作之余，大家凑在一起，吹拉弹唱，自娱自乐，孩子们围拢过来，饶有兴趣地旁观，如果没有精神丰盈的老师，何来如此和谐的场景?

好教师一定会与书为伍。无聊时读书，历史会告诉你，人生应该怎样度过；先人会指导你，怎样做一个有用的人；大师们会给你讲他们成功的经验；时间会告诉你，它公平地属于每一个人。我坚持认为，读书是一种最惬意、最舒服、最有价值的生活方式。它不仅不会让人疲劳，相反，能够让心灵得到深层次的放松。一盏孤灯，一卷在手，静谧的夜晚，让沉静的心灵沐浴在书香的气息中，岂不美哉?

好教师也一定喜欢用笔记录生活。我从小内向,不善言辞,但写作,让我最大限度地弥补了这种不足。论坛、博客、QQ 空间、微信公众号，这一个个平台，记录着自己点滴的生活、细微的心情，打开了一扇与世界对话的窗口,探讨人生,思考教育,追问生命,我的世界再也不封闭，再也不孤单，我在用文字诉说、对话，内心世界也变得越来越开阔。

当我的第一首小诗在《星星诗刊》发表,当我的第一篇论文在《河北教育》刊登，当我的第一本专著被出版社出版，当我的第一部长篇小说被印成铅字，当“王福强的小院”被越来越多的人关注，那种愉悦无与伦比。

写作，让我从幼稚走向成熟，从浮躁走向安宁，从愚拙走向智慧。

好教师是热爱生活的人。不热爱生活的人，像一粒干瘪的种子，发不出翠绿的苗儿。

不要做蜡炬成灰的老师，敬业不等同于牺牲自我乃至家庭。因为上课，耽误送孩子看医生，导致孩子终身残疾；因为工作太忙，母亲卧病在床，自己无法尽孝；等等。这些催人泪下的故事，只能留下一声叹息。

教师，并不是殉道者，安顿不好自己，也就无法安顿孩子的心灵。工作之余，挤出时间陪爱人逛逛街，陪老人吃顿饭，陪孩子去大自然放飞一下心情，这才是“人”的生活。

工作之余，可以寄情于山水。出去游玩，我有个“痼疾”：见山，则想至顶，名山如此，荒山亦如此。常在登顶之后的返程中被游客追问：山上有好玩的东西吗？我总是笑着回答：有。或有一亭，或有一树，或有一石，或只是一片空旷，仅此而已。

我是在骗人吗？当然不是，竭力登攀，打开视野，战胜种种挑战，还有比这个过程更为好玩的吗？沉醉于山水，一个人的灵魂会逐渐变得丰盈、素雅、乐观、沉静。

繁杂之侧，可以有爱好相伴。有个爱好，每天就有盼头，就能把日子过得充实、美好。我喜欢看书、写作、旅游，我喜欢唱歌，我喜欢下棋，我喜欢看球，我喜欢朗诵，我喜欢泡电影院……

这些兴趣爱好大大丰富了我的生活，让我的生命多姿多彩，让我常常暂时抽离现实生活，换一种身份和角色去体味人生。

有点兴趣爱好，闲暇时间就会被占据，也就少了发呆、烦躁、乏味、焦虑、忧郁的概率，自然多了些乐趣和满足。生活不可能永远风平浪静，总有这样那样的不如意，与其在那里自怨自艾，还不如转移悲愤，做自己喜欢的事，将爱好化为精神的欢悦。

第一辑

理解教师这份职业

把握教育的终极目标

教育的终极目标是什么?

虽然我们已经有了教师的称谓，但要准确回答这个问题，却并不是那么容易的事。

接受教育的虽然是学生，但把他们培养成什么样的人，让他们以怎样的状态完成不可复制的一生，教师的导向作用至关重要。

作为教育工作者，首先应该认真思考一下目标的问题，这就如同统领千军万马的将军要先想好作战策略一样，如果草率地大旗一挥，方向出了偏差，必然落下“草菅人命”“误人子弟”的下场。

《中华人民共和国义务教育法》中有这样的规定：

义务教育必须贯彻国家的教育方针，实施素质教育，提高教育质量，使适龄儿童、少年在品德、智力、体质等方面全面发展，为培养有理想、有道德、有文化、有纪律的社会主义建设者和接班人奠定基础。

我一直很欣赏苏霍姆林斯基的一个观点，他说：教育的终极目标不是传授知识，不是培养能力，而是让每一个孩子都能幸福地度过自己的一生。

我认为，这句话可以理解为教育的终极目标。大家看，如果一个人能够通过教育有了幸福的一生，那教育者将多么荣耀啊！

哲学家们都承认：人生最高的目的是幸福。

费尔巴哈在《幸福论》中提出："一切有生命和爱的动物，一切生存着和希望生存的生物之最根本的和最原始的活动就是对幸福的追求。"

作为人类通往幸福天堂的阶梯，教育的本真热爱和深沉渴望也就必然指向人生的幸福。

我想，这也是苏霍姆林斯基之所以提出这个观点的原因。简单理解，教育的目的就是培养幸福的人。

可问题是，怎样才算是幸福呢？

在我们的教育中，并非不追求幸福，相反，似乎追求得更为迫切、更为直接。大家心底里都认为：考上一所好大学就拥有了幸福的起点，挣大钱、当大款是幸福的标志，做高官、得厚禄、光宗耀祖是幸福的保障。幸福在我们传递给孩子的意识中，如此具体可感，如此切近实际。

顺应这个思路，于是我们的教育中，就太多地掺杂了成人世界的功利与世俗，轻易地玷污了孩子们原本纯净无瑕的心灵。

孩子们从小就学会了谋求利益的"讨好""出卖""超值交换"等生活的"诀窍"，变得越来越自私势利、目光短浅、心胸狭隘、俗不可耐、不堪一击，越来越以自我为中心，视世界、视亲人于不在，这类性格基础，严重阻碍了自身的长远发展。

这样的人生，未来能够幸福吗？

美国有一部电影，叫《迷离境界》，我希望大家可以找来看一看。

电影中有一个令人难忘的片段：主人公开始是躺在医院的病床上，但醒来时发现自己在一个酒店的房间。不管他想要什么东西，马上就会有侍者出现，满足他的欲望。过了数天之后，这个人厌倦了这种无须努力的存在方式，对侍者说："我有点想到另一个地方去。""什么地方呢？"侍者问。"哦，我想我已经死了，来到了天堂。但是我厌倦了，也许地狱会好一些。"侍者回答说："这就是地狱。"

这个电影片段很有寓意，幸福是一种追求而不是天神的恩赐，人只有在付出的过程中，在克服困难追求自己理想的过程中，才能体会生活的乐趣，抵达幸福的天堂。否则，即便是锦衣玉食，也只能徘徊在幸福之外。

成功的教育就是要开启人们认识幸福的智慧，让人体味到幸福不是物质的丰盈、生活的安逸，而是人的精神生活的充实。

在我们当下的教育中存在着大量的短视行为，比如成绩大于人格成长，教师荣耀高于学生前途，以优胜劣汰作为基础教育实施的基本原则，等等。这些都是对幸福的理解有了偏差，从而导致教育的终极目标模糊不清。

可以说，幸福是个微妙的物件。关键取决于人对待人生的积极态度，而非简单地来自职业、社会地位甚至金钱的拥有数量。

教育首先要引导孩子们多关注生活的美好。如果一名教师总刻意发现生活的无奈和灰暗，总想方设法让孩子们去学习生活中的"潜规则"，就很容易造成孩子在纷繁复杂的生活坎坷面前悲观厌世，再奢谈追求幸福已无可能。

鼓励学生追求，但不要强求，认清自己，立足实际最重要；鼓励学生坚强，但不可勉强，不屈不挠是坚强，但明知不可为而为之，则为盲目，为不智；鼓励学生自信，但不要自负，相信自己是一种力量，但善于听取不同意见则是人成长的保障……

这些，才是学生获得幸福人生的前提。那么，我们的教育，不该在这些地方做做文章吗？

如果狭隘地把教育目标降格为挣大钱、坐好车、享佳肴、娶美女之类，恐怕就不仅仅是教育的悲哀了！

教育要促成学生良好的教养

总难忘记十几年前的一幕。因为要进修学习，我骑自行车跑了二十多里路到市里的教育机关去办理相关手续，结果，办事人员冷冰冰地告诉我，手续不齐，差某个证件，没办法，只得又骑回去找相关的材料。折腾了大半天的时间才赶回来，结果那个工作人员拿眼扫了一下，轻描淡写地说：不行，还差什么什么。我一下子就蒙了，为什么刚才不跟我说清楚？难道还要罚我回去一趟？我恳求那个人，能否通融一下，却遭到了冷漠的拒绝。没办法，我只能再回去一趟了。结果一出门，恰好碰到一个在机关上班的老乡，他领着我回到那间办公室，跟刚才的人打了个招呼，结果，立马符合条件了。

这件事给了我很大的刺痛。那个中年男人生冷的态度让我一直耿耿于怀。人们常说，以前很多机关是“门难进”“脸难看”“话难听”，看来不无道理。可作为一个教师，我却思考得更多：那个办事的工作人员受过那么多的教育，却丝毫没有体现出自身良好的教养。如果一个人接受教育和他自身的教养产生不了关联，那是不是我们的教育出了问题？

许多年过去了，这个问题依旧困扰着我。我们很多的学校成了名校，有着令人惊叹的升学率。但走进校园，却不乏一些不合拍的现象：学生追逐打闹，自习课大声喧哗，随地乱扔垃圾，见到老师不问好，进他人房间不知道敲门等。缺乏公德意识，缺乏对他人的尊重，缺乏基本的教养，这种被高升学率光环掩盖的教育何其苍白？

教养是什么？教养是教人如何尊重人。我们常常谈到学生的自尊，但没有对他人的尊重，何以谈论自尊？一群根本不懂相互尊重的人能创造出一个和谐美好的文明社会吗？从这个角度而言，我们的教育不能不说是失败的。如果教育只注重知识，只对分数感兴趣，却不注重道德，教育就无法使受教育者获得起码的教养。如果受教育者缺乏教养，他就不能建立起起码的自尊，也就不会懂得尊重别人。

之所以受过教育却依旧缺乏教养，不能埋怨我们的学生。我们的教育有太多需要反思的地方。譬如，很多教育行为的落实依靠的是高压政策。教师凭借着师道尊严的特殊地位，高高在上，颐指气使。学生被逼着学习同样的教材，追求同样的分数和名次，完全忽略了兴趣和个性。在这样的环境下，学习是痛苦的，是为了老师、为了家长而学，学不好就会受到老师的讽刺、挖苦，就会被家长痛斥、打骂。学生不能迟到，不能不写作业，不能有自己的主见，不能提出反对意见，这样的乖巧听话，遵规守矩，却并不是发自内心的需要，而是为了别人，是为了博得老师、家长的欢心而已。他们只能在压力下生存，当头顶上的压力消失的时候，就很容易为所欲为。这就不难理解，为什么一个看似井然有序的班级，一旦失去了老师的监控，就会很快冒出若干充当大王的“猴子”，乱成一团，不可收拾。

在这样的教育背景下，很多时候学生并非以人的身份存在，他们只是知识的接收器，是制度的盲从者。他们经受的，既没有教师对其人格的尊重，也看不到教师对制度的敬畏，在如此情况下，简单地谈人的教养问题，就只能是水中之月了！

寻找“最显著的教育”

作为一个教育工作者，我一直在思考，教师怎样的教育行为才会对学生产生更为深远的影响。换言之，何为最显著的教育？是我们每天精心组织的课堂吗？我们认真备课，倾其心力让每节课变得高效，奢望着用苦口婆心的教诲提升孩子们的思想认识、道德水准，改造他们的世界观、人生观，如此看来，最显著的教育必然是发生在课堂上了。可遗憾的是，这种寄托了我们无数希望的课堂行为，其结果往往让我们失望至极。很多努力仿佛是丢进了大海的石头，激不起片刻的涟漪。相反，我们许多有着十几年、二十几年教龄的教师，却冷不丁会有一些意外的感触：当年教过的某个学生，常常因为某一件不起眼的小事记住了我们，但我们，绞尽脑汁，也无法回忆起当初自己曾经做过这样的事！

到底什么样的行为才会产生“更显著”的教育作用呢？

有一次，我教过的学生聚会。酒席间，一男生端着酒杯饱含深情地对我说：“王老师，毕业二十多年了，我依然认为，您是我这一生遇到的最好的老师。您是否还记得，那年您讲公开课，第一个点名回答问题的就是我，说实话，我实在没有想到我会有这个殊荣，因为，我是一个差生。就因为这份信赖，我要感谢您一辈子！”

我绞尽脑汁，也根本无法回忆起这个细节。但我突然感悟到，我教了他三年，也许我精心传授的那些知识和人生道理他未必能够记住，但仅仅是我一个无意中的举动所传递出的对一个后进生的信任、对一个后进生的不歧视，却能够影响他一辈子。

这件事让我琢磨了很久。为什么学生会因为一些看似无关紧要的事而记住我们？究竟什么样的教师行为才能真正影响学生？

在美国中学教育中，曾有人提出一个说法，叫“侧面教育”，大意是说，教师教育行为产生的积极的“化学变化”，往往不是在组织严密的教学活动中，而是在课间或业余时间，也许发生在办公室、走廊、操场，甚至在街道和超市里，是在教师和学生不经意间的几十次谋面里。

譬如，当一个老师在走廊中碰到学生，偶尔拍了拍学生的肩膀，说了几句鼓励的话，这就把爱和关注悄悄传递给了学生；当一个老师在商场购物，遇到了逛街的母女俩，看似无意地向母亲客观地点评了女儿最近在学校的表现，当着母亲的面表达了对孩子的信心，就把一种无形的力量注入了孩子的灵魂；当一个老师在放学的路上与考试失利的孩子一起走上一段，或许仅仅是闲聊，并没有说教，但孩子一定会感受到老师关切的眼神……孩子的心是敏感的、细腻的，这种看似偶然的感觉让他们更觉得真切，产生的效益自然也就越大。显然，这比一个只是一味地鼓励他好好学习，或一味地严格要求他的作业的老师所产生的影响要大出 N 倍。

当然，聪明的教师不会满足于偶然。他会不断观察、思考、发现，做好种种准备，他会让自己的心里装满爱和智慧，一旦机会出现，他就会不动声色地抓住，把一个个偶然变成必然，让看似不起眼的行为充满教育的味道和魔力……这一点在南京六中优秀班主任陈宇老师的工作中被运用得出神入化。他采用每天和一个学生谈话的方式，看似那么随意，却又是那么匠心独运、不露痕迹地给学生以正面的影响，获得了很好的教育效果。

这就告诉我们一个道理：正面的、正统的教育很难让一个老师在学生心目中成为重量级的人物，学会让自己的一言一行蕴含爱的色彩，蕴含智慧的光泽，蕴含正义、正气和公平，一个教师就会成为学生崇拜的偶像。此时，何愁自己的一举一动不成为最显著的教育呢？

要树立服务意识

传统的观念导致了师生关系在一定程度上的不平等，教师处在俯视学生的位置，没有意识到外界影响对学生心灵世界造成的后果。有很多老师，戴着有色眼镜，对学生进行人身攻击与侮辱，实行体罚，甚至在精神上对学生造成不可磨灭的阴影。或者缺乏对学生心理和生理的了解，不能因材施教，不能平等对待每一名学生，不能为学生创造良好的学习氛围，师生关系不和谐等，使学生失去了刚进学校时的好奇心和学习热情。

当前，中小学教师又经历着一场涉及面广、影响深远、意义重大的基础教育课程改革。可以肯定地说，要真正有效地落实素质教育，就必须进行课程改革；而离开了课程的具体实施者——广大教师的努力，再好的课程也无济于事。因此，改革课程，还学生主体地位，促进学生的全面发展，落实素质教育，这一系列工作的前提就是对教师思想意识与观念的转变与更新。那么，如何解决这一关键性问题呢？我想，首先要改变教师单纯以自我为中心、缺少服务意识的弊病。

应该说，任何人所从事的职业都是具有服务性的。政府服务的对象是全体公民，了解公民的需求，为公民解决实际困难就是其责任，只有所有的公民体会到政府是真心实意为自己服务的，才会拥护和支持政府的决策；医院服务的对象是病人，了解病人的病情，并为病人解决痛苦就是其责任，只有病人能在医生的悉心治疗下恢复健康，才会放心到医院治病；客运服务的对象是旅客，了解旅客在乘车时的需求，为旅客解决乘车时遇到的困难就是其责任，只有旅客在坐车时感到舒适，才会愿意坐你的车……学校呢？应该也是一种服务行业，服务的对象就是学生。

从本质上而言，教师的工作并不是所谓的人类灵魂工程师，这个职业的存在实际上是为了完成一种服务，服务于社会、家长与学生，或者更直接地说，是国家和家长出钱，教师为其服务的一种性质，人们只是在教师的工作过程中看到了其情感上的付出与贡献，才觉出教师这个团体的高尚，倘若教师们倚仗着这个光荣高尚的头衔，却没有意识到这个工作的本质,必将导致严重的后果。轻则是名誉上的代价，重则影响一个孩子、一个人的一生。有时一个人才的造就，就在于一个教师的一念之间。所以，作为一个服务于人民的教师，首先要摆正自己的位置，掂量一下自己举手投足之间，对孩子造成的举足轻重、潜移默化的影响，掂量一下自己肩膀上的担子有多重。有位教师说得好：“做别的工作你也许面对的是冰冷的机器，但是要记住，你从事了教师的职业，你面对的永远是有感情的人。”

我们有了服务意识，就不会把学生家长当作臣仆一样呼来喝去，因为我们的衣食是他们提供的；有了服务意识，我们就不会看重优生歧视差生，因为我们的服务对象是全体学生；有了服务意识，就不会只要分数而不顾其他，因为我们的服务目标是全面发展的人；有了服务意识，我们就会更自觉自愿地研究更好的教育方法、教学手段，更顺畅地完成教学任务……总之，有了服务意识，我们才会以一颗平常心对待我们的工作，以高度的责任感做好我们的工作。

能提供优质服务的教师，就是称职的教师、优秀的教师，就能得到学生的拥戴、家长的满意。有没有服务意识，是区别一个教师能否完成好本职工作的显著标志之一。

渊博的学识是立身之本

自古以来，人类教与学的知识就分为两种：一种可称为普遍的知识，它们往往和实际利益与运用没有直接关系，而是关系到人类对自己、对世界、对自然和宇宙的一般认识和理解，即现在一般称为“基础理论”的东西。它们虽然不能产生实际的利益，却对人性的完善和提高，以及人类文明程度起着重要的推动作用；另一种则是实用的知识，也可称为广义的技术。这类知识与社会需要密切相关，具有广泛的实用性，给人类带来直接的利益。显然，这两种知识都是一个现代人必不可少的，但是作为一个教师，真正能吸引学生，对学生将产生终身魅力的，还是第一种即人文科学知识的文化底蕴。文化底蕴不足的教师，永远成不了大师，成不了教育家，充其量只能算是一个教书匠。

大量的事实证明，现代的学生不喜欢那种古板、单一的教师，而是喜欢那些不仅学识渊博，而且兴趣广泛多才多艺的教师。教师兴趣、特长的丰富性，将表现出教师自身人格力量的丰富性，同时会对学生有着巨大的影响力，使其成为学生效仿的榜样。这样的教师将会像一块磁石一般，牢牢地把学生吸引在自己的身边，真正培养出自己的学生。同时，广泛的兴趣、特长也会促进教师自己智能的发展，启迪自己丰富的想象力、思考力和创造力。

中国早期话剧活动家、艺术教育家李叔同先生教图画、音乐，学生把图画、音乐看得比国文更重要。这是有人格作背景的缘故。因为他教图画、音乐，而他所懂的不仅仅是图画、音乐，他的诗文比国文先生好，他的书法比习字先生的更好，他的英文比英文先生的更好……这种深厚的文化底蕴，显然是一个普通的图画、音乐老师所不能比的。

从学识方面来看，教师应该是走在时代前列的人。自古以来，身为一名合格教师，其首要一条就是具有深厚而广博的学识。我们都知道，一名理想教师的知识结构包括三个方面，那就是：广泛深厚的文化科学基础知识，扎实系统精深的专业学科知识，全面准确的教育科学知识和心理科学知识。这就要求教师不但对所教课程有精深的认识，还应有广博的知识。所谓“精”就是要“知得深”，对专业知识不仅知其然，而且知其所以然；所谓“博”就是要“知得广”，能触类旁通，具有相关学科的有关知识。作为今天的老师，这一点尤为重要。对于那些拥有新知识的人来说，新时代意味着一个充满机遇和挑战的世界。

苏霍姆林斯基在《给教师的一百条建议》一书中，讲了一个生动的故事：

有一天，一个有33年教龄的历史教师上了一堂观摩课。课上得很成功，听课的老师们都忘了记笔记，听得入了迷。课后，人们问那位历史老师：“你花了多少时间来准备这堂课？”历史教师回答：“对这堂课我准备了整个一生，可以说，对每堂课我都用一生来准备。但直接对这个课题的准备，则花了十五分钟。”

用一生的时间来准备每堂课，这种准备指什么？苏霍姆林斯基指出，这就是阅读，就是终身与书籍结成友谊。要拥有渊博的学识，要上好每堂课，我们教师就必须经常地博览群书，补充自己的知识，使自己的思想如潺潺流水，永不枯竭。

中小学教师在读什么书？《中国教育报》对全国不同地区中小学教师的一次抽样调查显示，目前教师阅读书籍中高居榜首的是教学参考书，远远超过了小说、教育理论和文史类、时事类、科技类书籍。中小学老师，尤其是学校校长、书记“不读书，读书少”，是当前的普遍现象。除了教育行政部门规定的岗位培训进修课时外，教师很少读理论性书籍，尤其是教育理论和现代教育技术书籍。一些教育学者指出，过分依赖教学参考书说明有些教师的素质和能力欠缺。然而，老师普遍离不开教参，确是不争的事实。

没有时间、心态浮躁、急功近利、好大喜功是造成当前一些中小学教师，特别是学校领导“不读书，少读书”的根本原因。不少学校领导根本耐不住寂寞，定不下心来看书学习，用于交际应酬、开各种会议的时间，远远大于读书做学问的时间。有些校长，轿车来轿车去，东奔西跑，饭局不断，与其说其像校长，不如说其更像老板。现代教育需要我们的学校涌现出更多像陶行知、黄炎培、段力佩那样的专家、学者型校长。教育领导只能是一个行政管理职位，教育官绝不等同于教育家。

“读书少，少读书，不读书”，久而久之必然导致教师成为教书匠，其学识魅力自然也就越来越少了。

教师的尊严在于有思想

北京师范大学的肖川教授曾经说过：“我们中国的中小学教师缺乏思想。”具体而言，他是指缺乏一种精神、文化眼光，一种自觉的价值追求，一种坚定的对于社会、人生和教育的理想与信念。而缺乏思想的直接结果便是“大量劳动停留在低层次”，“缺乏对学生精神的引领，对自身工作的高远立意，对课本知识的价值观和心理结构的深刻洞察”，把教育极端化为浅显、平庸，没有灵魂的认知结构的堆积。

反思教育现实，肖川教授的话可谓一针见血，他深刻地揭示了当前基础教育中一个无奈的现实：思想贫乏，底蕴尽失，缺乏灵性，缺乏大气，甚至缺乏尊严。

这绝非无稽之谈。其外在表现如下：

第一，教育目标模糊不清。教育的终极目标是什么？这是千千万万教育工作者必须解决的问题。接受教育的虽然是学生，但将其培养成什么样的人，使其以如何之心态、如何之状态完成不可复制的一生，教师的导向至关重要。而在现实中，教育的短视性不言而喻，如成绩大于人格成长，教师荣耀高于学生前途，以优胜劣汰作为基础教育实施的基本原则等，直接导致教育终极目标的模糊不清。

第二，重教而不重育。教育，由教和育组成。在传统观念中，却更偏重于教：教师的任务无非是传授文化知识和人生道理，解决学生的疑难。这就造成了师生关系的僵化和不平等，教师是绝对的统领者，学生只能亦步亦趋，听从指挥，不允许有个性、有主见。

学生是活生生的个体，其成长过程有着自然发展的成分，这就如同一棵小树，成长是必然的，如果能给予适当的水分、适宜的阳光、充足的空气，它的成长就更为顺畅、茁壮。教师要精心打造一个适合学生发展的外部环境，环境具备了，发展就成了自然而然的事情。

在人的心灵层面，关注、信任、激励以及适当的宽容无疑就是水分、阳光和空气，能最大限度地调动孩子的成长内驱力。可惜的是，在现行的教育中，这些几乎成了奢侈品。更多的时候，孩子是生活在压抑、鄙夷、责骂之中，从走入幼儿园的那一刻开始，就遵循着不能“越雷池半步”的种种规范，承受着接踵而至的一连串的“挫折”教育。丰富的兴趣被扼杀了，多彩的个性及创造的火星被磨灭了。尚不高大的幼苗，不是生活在温情与和谐中，而是迫不得已，面临狂风暴雨、冷露霜寒，自然成长的烦恼大于成长的快乐了。

不要把大的教育背景作为开脱的借口，说什么天不变，道何以变，似乎我们无法给予孩子宽松和谐的发展环境，皆缘于现行的教育制度。考试指挥棒在啊，高考、中考在啊，于是乎只有偏狭，只有逼迫，只有排队，只有用优胜劣汰的方式提高成绩。看似天经地义，实则蕴含着巨大的悲哀。“我改变不了世界，但我可以改变自己”，当学生在黑暗中摸索的时候，正需要有思想、有头脑的教师奋力劈开一丝光亮，而不是在已经阴霾的天空抹上几道黑云。洋思、杜郎口、魏书生、李镇西这些教育名师，并非生活在世外桃源，恰恰相反，一个个教育神话的背后折射出的是有思想的教育，有个性的教育，这正是在无奈的教育大背景下结出的理想的硕果，或许他们充分把握了育之真谛。有人讲过一个观点非常有道理：我们首先是一个教育者，然后才是一个学科教师。可在现实中，只管教知识，不管育学生的，恐怕不是个别现象吧？

第三，工作方式简单粗暴。生活在中小学教师身边，感受最多的是他们的焦虑、烦躁、牢骚、无奈和疲惫。大多数人机械地、日复一日地重复着昨天的故事，身上更多的是一种惰性和匠气。工作中鲜有充满灵性、充满创造的教育方式，到处泛滥着简单甚至粗暴的工作方法。对待孩子，先是严管，严管不见效，就用爱心感动，爱心不起作用，干脆就高压政策，高压政策再失灵，就借助家长的威力来“修理”。教师采取的是简单的非研究性的教育方式，比如火冒三丈，比如罚写作业，比如不准上课，比如跟家长告状，等等。这些措施并非真正的教育，只是缺乏技术含金量的管教，更别提什么精神的色彩和思想的光辉。

由以上种种现状分析，在我们的教师群体中流行着浅薄、庸俗、人云亦云的病症，造成了教育行为的混乱、盲目，造成了教育被社会不认可、不信任，甚至鄙夷！思想缺失带来的无异于一场劫难！

所谓思想，并非空洞、虚幻的事物。通俗地说，即脑子中有想法。可以这样说，知识奠定教师教学行为的底气，思想却能给教师的教育行为带来灵气；只有既有底气又有灵气的教师，才可能在课堂上显示出沛然大气，才可能在教育教学中体现出智慧和从容。没有思想的教师，只能鹦鹉学舌，邯郸学步，做教材的“传声筒”和“复印机”，扼杀学生的个性和成长的幸福。

一部中外教育史就是一部思想史，从孔子到陶行知，从柏拉图到苏霍姆林斯基，深邃的思想催生了无数伟大的教育作品：《帕夫雷什中学》《教育漫话》《大教学论》《爱弥儿》…… “学而不厌，诲人不倦”（孔子），“教育是国家万年根本大计”（陶行知），“儿童的智慧在他的手指尖上”（苏霍姆林斯基）……这点点思想的火花成为教育史上宝贵的财富。

肖川教授说，“你的思想就是你的处境”。唯有有思想的教师才会体味教育世界的丰富，才会不断超越自我，能够在课程改革中处于排头兵、领头雁的地位。不断被思想的清泉滋润的教师队伍，提升自己的同时，更重要的是能提升一代人、一个民族。反之，如果没有思想，形如酒囊饭袋、行尸走肉，就会一事无成、枉度此生，更谈不上个性和人格魅力。如果没有思想，我们渴望得到的发展和提升都将落空。

做一个有思想的教师，做一个有尊严的教育者，应该成为每一个投身教育事业的人终身追求的最高境界！

把每一件小事都做出教育的味道

这句话我反复在学校的管理团队、教师团队面前表达，这些年，不知道重复了多少遍。

我们经常谈教育创新，教育创新涉及教育体系、教育结构、教育观念、教育方法、教育手段、课程教材、教育的时间和空间等，几乎涉及教育领域的方方面面。但仔细一想，又会多少有些茫然：作为一所普通学校、一名普通老师，在这些方面，又能有多大的创新空间呢？在看待教育创新的问题上，我一直坚持一个观点：

创新未必是“你无我有”，而更多体现在“你有我精”：将常规工作做到极致就是创新！

2018 年 9 月，我到辽宁筹备一所学校的时候，因为校舍还没有竣工，办公条件有限，只得临时借用附近一所小学的校舍组织教师培训。在工作中，我提出一个要求——恢复出厂设置，即活动结束，要将场地完全复原，包括桌椅的摆放，每一件物品的位置和状态，不允许有丝毫的改变。于是，每次活动后，大家都格外精心，连地面、楼道，都用墩布擦得一尘不染。有一次不小心打碎了学生放在窗台上的一个玻璃饭盒，老师们到超市买回来更好一点的饭盒，放在原处，并认认真真写了一封信给孩子，表达歉意……经过这样的一个过程，原本对借用场地有些顾虑的学校领导被彻底折服，告诉我，只要你们需要，请随时说话。

恢复出厂设置，看似很小的一件事，但每次都做到最好，并不容易。逐渐地，恢复出厂设置成为团队每一个成员的口头禅，也成为大家的自觉习惯。说得夸大一些，这样一个简单的要求，其中包含着丰富的教育味道，能够奠定学校的一种文化根基。它让大家明白，在学校文化中，不给别人添麻烦，这就是尊重他人最直接的表现。而这样的一个要求，将会扩展到学校工作的方方面面，产生重要影响。

在学校里，有太多的工作陷在思维定式里，大家年复一年、日复一日，司空见惯、视而不见，并未觉得不妥。比如，课间操时，学校要求班主任到位，可班主任呢？人是到了，但也仅仅是“点卯”而已，并没有去督促和引导学生高质量地做操，更没有主动跟学生一起运动；学校请专家来给学生讲课，老师们认为听这些报告是学生的事，只要学生听就行了，自己不听，事后也不及时组织学生进行讨论分析和升华总结；升旗仪式，学生队伍整齐而安静，再看老师们，不仅有些人姗姗来迟，还经常在队伍后面不停说话，丝毫没注意到不良的影响；学生在教室上课，老师们从楼道里走过，大声说笑，却没有觉察到对学生的影响……或许这些方面，学校都对老师提出了工作常规之类的要求，但这些要求，都浮在表面的概念上，并没有真正落实。

学校是育人的场所，学校里的一切事情都与教育有关，当这些常规工作停留在原地止步不前，其蕴含的价值和意义就会大打折扣。因此，作为教育工作者，要有一个观念，“教育是从走进校园就开始了”，不能满足于完成一项工作，而要抱着“再往前多走一步就是优秀”的工作意识，从日常工作中挖掘和彰显教育的价值和意义，把每件事做得更加精致一些，在精致中体现工作态度，也体现工作品质、工作能力。

针对上文中提到的一些工作现象，我在学校中加强了管理：

课间操，全体教师要和学生一起出操，一方面加强运动，舒活筋骨，另一方面也给学生树立榜样，体育组规定好班主任和任课教师出操的站位等工作标准；

听报告，班主任要坐在学生队伍里，每次活动后，班级要组织专门的主题班会，进行后续的讨论、总结，让教育效果进一步巩固，德育处负责监督、检查落实情况；

升旗仪式，教师全部参加，并严格按照学校规定的位置列队，跟学生一样，保持现场良好的秩序……

同样的常规活动，多了几点清晰的要求，看起来整个工作只往前走了那么一小步，但一下子就豁然开朗起来，师生的平等、和谐、互为影响，都以教育的形态活生生呈现出来了。

为什么学校的工作常常让我们感觉没有做出“教育味”来？这说明，教育理念和教育行为之间还存在落差，我们需要找到理论诠释和行为实践之间的衔接点和承接点。日本教育家佐藤学曾说：“必须读懂看起来单纯的事件背后所隐藏的复杂性。”例如，落实“每天锻炼一小时”，有些学校的确下了很大功夫，不仅开设体育课，还安排了下午的体育课外活动时间，乍看起来似乎情况不错，但一深入了解就露馅了。

平时，体育课被挤占的情况严重，课外体育活动，也有大批学生被滞留在教室、办公室，长期不能参与。为什么呢？因为教师没能摒弃头脑中的功利主义，也对学校的政策缺乏必要的认同感，在这种情况下，所谓“每天锻炼一小时”就是一个做给人看的表面现象，并没有做出“教育味”来。

学校的教研活动也是如此。虽然绝大多数学校管理者都能意识到教师培养的重要性，但高耗、低效，“萝卜炒萝卜”的教研活动大量存在。怎么提高教研的效率，让教研活动中蕴含更多教育的成分？我们出台了《学校教研公约》，提出了一些要求。譬如，每次发言不超过三分钟的规定，最大限度地保证教师发言主题的集中，避免泛泛而谈，这远胜于我们空洞地要求注意时间；每次发言结束六秒钟的鼓掌，积极传播着相互欣赏、相互认可、相互勉励的相信文化，远胜于我们一再强调的要尊重对方的发言；欣赏 + 建议的评课思维和描述 + 点评的评课思路，更是有助于将不知所云的闲扯变为内容和方式都愈加清晰的表达；最后的一句话总结，要求紧扣研讨内容，更是一种极富个性化的概括，不断拉升着每一个人的高度。

由此，再寻常不过的常规教研活动也变得不再是一种折磨，而是饶有趣味了。

不做教书匠

要做教育家，而不做教书匠。

凡称之为“匠者”，则僵化有余而灵性不足。教育家和教书匠一个最大的区别，就是教育家坚持追求卓越和创新。很多家长为孩子挑教师、挑班级，总喜欢挑那些年纪大一点的富有经验的教师。其实，这样往往是错误的，教育家不分年龄。

著名教育家朱永新教授说过：一个教师不在于他教了多少年书，而在于他用心教了多少年书。有的人教过一年，却机械地重复了一辈子；有的人，实实在在地教上三五年，始终在思索，在调整，在改进。这样的人，与一个教了一年却重复了一辈子的人，成就显然不同。

教育家首先应该投入全身心的力量去爱学生、爱教育。只有爱才能赢得爱，你爱教育事业，教育事业也会爱你，你才能获得事业上的乐趣。你爱学生，学生才会爱你，也才会让你在和他们的交往中忘记了外面的世界，忘记了生活的琐碎和烦恼。我们不少的教师缺少爱心，不是教书育人，而是担任“教育警察”；不是肯定成绩，而是发现缺点。不客气地说，很多教师扮演的就是一个刽子手的角色。在我们教师的手上，不知道失去了多少诺贝尔奖获得者，也不知道失去多少“鲁迅”“郭沫若”，失去多少“爱迪生”“牛顿”。教育的重要前提就是爱心。只有在爱的基础上，教师才会投入他的全部力量，才会把他的青春、智慧，无怨无悔地献给孩子们，献给教育事业，也才会成长为出色的教育家。有的教师口口声声说着为了学生好，却做着伤害学生心灵、阻碍学生发展的事，这是虚假的爱心，自然另当别论。

可能有人会说，做个教育家？天方夜谭吧？我这么个不起眼的普通老师，怎么会成为教育家呢？其实，很多问题看起来非常神秘，但做起来并不是很难。我们都在教育的第一线，在我们身边，每天都发生着许多值得深思的案例。如果你是个有心人，这一切都会成为我们的财富，并托举我们逐渐到达一定的高度。如果你不信，你从今天开始，就写教育日记，认真总结教育的得与失。一件事情，今天成功了，是怎么做的？有什么体会？今天发生了一个矛盾，是怎么解决的？今天遇到了一个挫折，又有什么样的感受？你把这些原封不动地记录下来。几年以后将那些最精彩的东西选编出来就是最精彩的书。那些火花的东西，对读者会产生强烈的心灵震撼。我们很多成名的教育大腕，诸如于漪、宁鸿彬、魏书生、李镇西等，不都是这样做的吗？而他们先前看似目的性不强的很多随笔，经过整理，便成了深刻揭示教育规律的著作了。

不过问题就出来了，这样做有一个前提，就是你必须拥有持之以恒、坚持不懈的精神，而不是三分钟热度。我见过身边许多年轻教师，听到了名家学者的讲座，马上得到激励，满腔激情地规划着自己的事业蓝图。但激动了一下，兴奋了一下，还没来得及实施，热情便消弭了。在平时工作中，种种独到的体会也会涌上心头，但因为懒惰，还没有付诸笔端，这些思想的火花就烟消云散了。作为中小学的教师，手头应该有一个厚厚的本子，随时记录下自己的所失和所得，记录下自己点点滴滴的教学思悟，时间长了，你就会发现自己在不断提升。

理想的教师，还应该是一个追求卓越、富有创新精神的教师，而不应该亦步亦趋、因循守旧，毫无灵性可言。他应该不断探索、不断创新，应该是一个教育上的有心人。一个人为什么能够成功，往往在很大程度上是因为他是个有心人。如果年复一年、日复一日地重复自己，不思进取，不求变化，固定在自己的思维模式中不愿意挣脱，自然不会有什么成就可言。

勤于学习，充实自我，这也是成为一名优秀教师的基础。一个有理想的教师，一个想成为教育家的教师，他必须从最基础的做起，扎扎实实多读一些书。你不读《论语》、不读陶行知、不读杜威、不读苏霍姆林斯基，恐怕很难成为教育家。任何一个教育家都不可能离开前代人的教育财富。事实上，很多的教育家，只不过是把别人的财富应用到自己的教育实践中，引起很多理论上的共鸣而已。现在不少教师找不到感觉，找不着北，说得难听一点，在教育过程中像没头的苍蝇，没有思路，缺少想法，就是因为自己“根基”太浅。作为一个教师，需要各方面的知识，一个知识面不广的教师，很难真正给学生以人格上的感召力。孩子年龄越小，他对教师的期望就越高，他就越是把教师当作百科全书。在他们眼里，教师是无所不知的，如果教师一问三不知，他就会非常失望。所以教师应该完善自己的知识结构。过去说教师要有一桶水，现在又说教师应该有一个永不枯竭的泉眼，其实意思都一样，一个知识贫乏的人，永远不会在教育行业有所作为。

不要把教育家看得多么神秘，其实每个教师都可能做到，关键在于是否对教育充满了热情，是否能做一个有心人，是否执着，是否有恒心。也许我们一辈子都成不了教育家，但至少那应该是我们永恒的追求。

国际上有一种公认的企业法则，叫“马特莱法则”，对我们的教师应该有所启迪。“马特莱法则”又称“80：20”法则。其中一项主要内容是“80：20 管理法则”，企业将主要精力放在 20%业务骨干的管理上，抓企业发展的骨干力量，再以 20%的少数带动 80%的多数，以提高企业效率。

其实，80:20 法则对学校管理也是适用的。在一所学校，真正擅长搞教研活动的教师,也只是占教师总数的20%左右。很多学校管理者，自觉不自觉地总是重点抓好这 20% 的教研骨干分子，支持他们鼓励他们，通过促进他们深入开展教研活动，来带动 80% 的教师投入到教研活动中来。因此，这 20% 的教师将获得更多的展示自我、提升自我的机会，从而使自身的专业化发展迈入快车道。

力争摆脱教书匠的束缚，力争进入 20% 行列，成为学校教研的牵头人，应该是每个教师的追求。

先成人，后成才

我们必须清醒地意识到，之所以越来越多的人走上“精致的利己主义者”道路，以升学为第一追求的学校教育起到了推波助澜的作用。

我认为中国教育的根本问题，是如何培养真正的人，即具有基本做人准则、人格底线的人，而非人才培养。这强调的是基本的教育逻辑：教育中人即目的，而非工具。一味强调把人培养成人才，即把人当作了工具。先人而后人才，教育的顺序绝不可颠倒。

其实在中国的传统文化中，做人永远是第一位的。孔子说：“弟子入则孝，出则悌，谨而信，泛爱众，而亲仁，行有余力，则以学文。”就是说小孩子要先学会做人，行有余力，才可以学习文化知识。但遗憾的是，近些年中国的教育早已摒弃了我们古老的传统，被急功近利的价值观侵蚀，过分注重学生智能的训练和开发。缺乏定力和主见的父母、学校在孩子的童年时代就开始拔苗助长，导致孩子自我意识的树干还没有足够强壮就被迫努力向上生长，最终沦为竞争和外界评价体系的牺牲品。

德国作家赫尔曼·黑塞曾这样写道：“树被砍掉了主干之后，会在根旁萌发新芽，同样，在患了病和被摧残之后，人的心灵往往会回到春天般的萌芽时期和充满遐想的童年，好像它能在那里发现新的希望，把被扯断的生命线重新连接起来似的。这些根部萌发的枝条虽然茂盛多汁，生长迅速，但这种生命只是表象，它永远也不会再长成为一棵真正的树。”这段话非常形象，也非常深刻。先成人后成才，是教育的规律。本末倒置，终将误入歧途，越努力越无力，越成功越迷失。虽然物质生活越来越丰富，孩子们的成绩越来越好，成才的比例越来越高，但不快乐、不幸福的人却越来越多。

按照现行的主流价值观和越来越丰富的教育资源，教出一个优秀的孩子并不难，他们有着千篇一律精致光鲜的履历，但是教育出一个发自内心幸福的孩子将万里挑一，成为稀有的珍珠。为了优秀而优秀的孩子很难幸福，为了幸福而幸福的孩子也很难优秀；只有那些认同自我，通过超越自己、实现自我价值的孩子，才有可能成为真正幸福的人。而这样的孩子，不可能不优秀。

柏拉图说：教育非他，乃心灵的转向。那么，转向哪？往哪转？难道是引导孩子转向分数、转向才能、转向本事？这恰恰是现有学校体系所提倡的，正是在这样一个价值观的引领下，人的成长才出现了方向性的偏差。而这个转向，更应该是转向爱、转向善、转向智慧，因为这是人类追求的普适价值，而帮助学生建构这样一套能够支持他们未来幸福生活的价值体系是教育的重要使命。但我们的学校教育恰恰忽略了这些。

一位纳粹集中营的幸存者，当上了美国一所中学的校长，每当一位新教师来到学校，他就会交给那位教师一封信，信中写道：

亲爱的老师，我亲眼看到人类不应该见到的情景——毒气室由学有专长的工程师建造；儿童被学识渊博的医生毒死；幼儿被训练有素的护士杀害。看到这一切，我怀疑教育究竟是为了什么？我的请求是，请你帮助学生成长为有人性的人。只有使我们的孩子在成长为有人性的人的情况下，读写算的能力才有价值。

每每读到这段文字，我的心情格外沉重。当下社会上那么多高智商的骗子，让人防不胜防，他们恰恰是学校教育出来的，他们拥有的知识成了作恶的资本。经过几十年的努力，中国的大学毕业率大幅提升，知识水平高了，但整个社会道德建设有待加强。

通过教育铸就人的精神比灌输知识更重要。爱因斯坦的一句话令人难忘："用专业知识教育人是不够的，通过专业教育，他可以成为一个有用的机器，但是不能成为一个和谐发展的人。"所以，先成人后成才是学校教育必须贯彻的方针，这决定着一所学校的价值取向，也决定着学校的工作重点。

我们欣喜地看到，国家正积极制定一系列政策，着力改善教育现状。《国家中长期教育改革和发展规划纲要（2010—2020）》指出，要把育人为本作为教育工作的根本要求。"要以学生为主体，以教师为主导，充分发挥学生的主动性，把促进学生健康成长作为学校一切工作的出发点和落脚点。关心每个学生，促进每一个学生主动地、生动活泼地发展，尊重教育规律和学生身心发展规律，为每个学生提供适合的教育。"这正是要求教育由关注成才转向关注成人，促成学校教育"目中有人"。

寻找每个人的天赋

小兔子是奔跑冠军，可是不会游泳。有人认为这是小兔子的弱点。于是，小兔子的父母和老师就强制它去学游泳。结果兔子耗了大半生的时间也没学会。兔子不仅很疑惑，而且非常痛苦，就差想自杀了。然而谁都知道，兔子是为奔跑而生的，而不是像菲尔普斯一样做条一天到晚游泳的“鱼”。

这是《哈佛家训》里的一则寓言。这个故事形象地反映出现代社会对人的教育的异化：学校中，往往是先制定出一套统一的学科标准、人才标准，然后集中力量去修缮、弥补、改正每个学生的弱点，试图让每个人在条条框框所涉及的全部方面都达到一定的规格。这种以修补短板作为主要工作内容的思路，导致的结果就是更多的人在一把尺子的衡量下，要么被淘汰，要么陷入平庸。

实际上，一个人的缺点对人生的影响真的是致命的吗？我从小生活在水乡，但我没有学会游泳，这在周围人看来，我足够另类，但这又如何呢？不会游泳并没有影响到我的成长。读书过程中，我的师长们一直试图把我塑造成为传统意义上的好学生，甚至他们已经无限接近成功，但在均衡的学科成绩蓝图上，英语却成为了我的污点，一直不够出色，直到最后，我彻底放弃了英语的学习，这样的一个缺陷也并未真正让我陷入绝境。这足以证明，对一个具体的人而言，许多缺点都是微不足道的。相反，不断满足于追求完人标准的教育，父母师长注意的是孩子成绩最差的一科，几乎所有的人都在集中力量解决问题，这样的思维方式和教育体系更容易让学生变得千疮百孔。在中国的学校里，有多少人是因为这样一个均衡发展的要求，而被打上了差生的烙印？又有多少学校，一心追求建立一套科学有效的“修补人的缺点”的教学管理模式，而最终导致学校陷入平常或平庸？

我认为，对智商这个词的理解一直以来存在误区，这种误区带来的危害是巨大的。人类生命的特征之一，就是人类天赋、兴趣和性格的多样性。但心理学上出现的智商这个概念，认定一个人的智力水平有一个天生的数字，并且这个数字可以迅速地被测评出来。这样的认知，给我们的教育带来很多的误导。智商测试这几年在国内颇为流行，媒体上甚至出现了这样的报道：一个小伙子为了向女友求婚，将“智商测试”的优异成绩拿来加以炫耀。我身边有些父母，苦于孩子学习成绩不佳，于是忧心忡忡地带着孩子去做智商测试，一旦数值不理想，就唉声叹气，似乎自己命运不济，摊上了这样一个没出息的孩子。有些老师，也将部分学生成绩不理想归咎于智商太低，从而过早地给孩子贴上“差生”的标签。甚至在某些公司招聘的过程中，也开始进行智商测试，作为录用员工的参考依据。这种种现象都预示着，大家把智商水平当作了一个人一辈子成就大小的决定性因素。这样的理论，对人类如此丰富而多元的智力而言，显然有失偏颇。

每个人都有自己的个性、天赋、兴趣、爱好，这不仅可以通过广为流行的多元智能理论得以验证，即使从我们的生活体验中也能窥见其端倪。在生活中，我是个典型的路痴，在稍显复杂的交通路线中，完全无法判断方向。因此，开车必须使用导航系统，即使多次行驶过的道路依旧如此。这一点也可以从我学习地理的过程中得到验证，我对地理学中“地图”一节的内容完全懵懂，就算是我在考试中取得了不错的成绩，但仍不能证明我弄懂了这方面的知识。我自认为在这方面存在缺陷。反过来，我的一个同事，却在这方面体现出了天才的一面，他对中国地理表现出惊人的熟悉，每一条铁路、高速，其走向，彼此之间的交叉、距离，烂熟于心。是不是他通过刻苦的记忆完成了这样的成就呢？完全不是，他的大脑仿佛就自带着一个导航系统。我不得不承认，他在这方面体现出与众不同的天赋。

也许有人问，既然你在这方面没有天赋，那么你怎么会取得不错的成绩呢？一个人的成就关乎两个要素：天赋和热情。二者结合，才会产生更好的结果。比如，我读书时一直是个优秀生，但这并不代表我在所有学科上都有天赋，就物理、化学学科而言，我的成绩一直优秀，但背后付出的努力却是其他人文学科远远不能比的。是对优异成绩追求的目标成就了我，而非天赋。反过来，在语文、历史这样的学科上，我可以轻松自如地应对，天赋就发挥了重要作用。那么，这就能够得到一个结论：假如两个人在同一种事物上的天赋有着显著差异，那么，他们经过同样的训练，或者付出同样的努力，结果可能就会有着天壤之别。

教师应该有一种信仰：从下苦力气挽救人的弱点，转变到寻找每个人的天赋。这是教育的使命，也是教育“目中有人”的显著特征。

这督促我们，要拥有一双发现学生天赋的眼睛。当面对那些看上去普普通通、没有什么天赋和亮点的学生时，不要仅仅盯着他们的问题和短板，一定要相信，人有一短，必有一长，要用更大的智慧去发现他们的潜能，为他们的天赋绽放创造空间。能让一个人感受到内在喜悦的事，往往就是他的天赋使命。当你发现了一个学生宁静喜悦的时刻，你也许就正在接近他生命中的天赋密码。

课堂是师生的幸福之源

作为教师和学生，每天生命里大部分的时光都将在课堂上度过。如果课堂教学让师生厌倦不堪、痛苦不堪，我们如何能在课堂上找到自己的价值和幸福?

可惜的是，在我们的现实生活中，偏偏相当一部分课堂走入了这样的死胡同。

为什么会如此？首先，如果不去挖掘课堂教学本身丰富多彩、鲜活生动、富有强大生命力的特性，而只把学习局限在传统的课本、课堂之中，照本宣科，教师是传声筒，学生是接收器，课堂必定是苍白、僵死、没有生命力的。师生就会如同困在笼子中的小鸟一般，无法尽情享受生活、享受学习、享受幸福生命的成长。课堂就会成为滋生痛苦、烦闷和枯燥的场所。

这就需要教师将课堂教学视为一个生命，唯有如此，课堂教学才不单纯是为传授知识而存在，其教学目标、教学策略、管理方法，才会被教师赋予新的理解与开创，课堂才会成为师生激发生命活力的幸福之源。

我们的痛苦之源往往还来自对课堂教学功能的异化：课堂教学似

乎只追求一个僵死的分数，如果学生分数不高，那么他的学习就是失败的。果真如此吗？很显然，这是传统的精英教育思维束缚了教者的思想。

对大多数学生来说，长大后成为普通人的居多。因此，老师必须遵循人才的成长规律，是小草就让它装饰大地，是参天大树就让它长成栋梁之材。在这个前提下，再去研究如何指导学生，使学生逐步认识到一切事物的真正价值在于获得它时所付出的辛苦劳动，从而刻苦勤奋学习，从而在困难甚至是挫折的磨砺下去实现他人生的价值。

归根结底，开启课堂幸福之源的关键在于师生关系的调整。要变专制型或权威型师生关系为伙伴型师生关系，教师要明确学生是学习的主人，而教师的职责是帮助学生学习。教与学的关系应该是平等、协商、和风细雨式的，而不应该是君临天下式的。教师要富有童心，要想学生之所想，急学生之所急，乐学生之所乐，忧学生之所忧，知道学生知识的生长点，知道学生会朝什么方向发展。课堂上，一切顺乎自然，老师顺势而教，学生顺心而学，老师与学生都全身心地沉浸在教与学的快乐之中。

有人曾将课堂进行了如下描述：

当学生茫无头绪时，我能否给他们以启迪？

当学生没有信心时，我能否唤起他们的力量？

我能否从学生的眼中读出愿望？

我能否使学生觉得我的精神、脉搏与他们一起欢跳？

我能否使学生的争论擦出思维的火花？

我能否使学生在课堂上学习合作，感受和谐的欢快、发现的欣喜？

我能否让学生在课堂上“豁然开朗”“茅塞顿开”或者“悠然心会”？

我能否让学生在课堂上“怦然心动”“浮想联翩”或者“百感交集”？

我能否帮助学生达到内心澄明、视野敞亮？……

如此的课堂教学，映射出生命的意义，体现着人文的色彩，师生还愁从中得不到幸福吗？

转化一个后进生比培养一个尖子生更重要

我坚持认为：转化一个差生比培养一个尖子生更重要。因此，作为教师,拥有一根点石成金的金手指,找到打开“问题学生”的那把钥匙,对真正实现学生潜能的挖掘，具有决定性的作用。

在二十多年前，我在一所普通乡镇中学教书，曾经见到过一个男生。这个男生就是我们大部分老师眼里典型的“差生”，打扮非常有个性，奇装异服，专门喜欢跟老师对着干，从来不好好上课，不好好完成作业，几乎天天惹祸，大家都拿他没办法，学习成绩自然惨不忍睹。语、数、英这些学科，动不动就是二三十分，甚至一位数，一点不稀奇。结果到初二的时候，发生了一件怪异的事。这个孩子酷爱物理，不仅在物理老师面前是个乖孩子，而且物理成绩出奇地好，在我印象中，甚至有那么两三次考到了全校单科第一名。

这让大家百思不得其解，因为他颠覆了大家很多传统的认识。

比如，大家常说，一个人数学学不好，物理很难学好。可他的数学偏偏长期是不及格水平。后来大家就在办公室多次议论，也跟物理老师沟通。结果发现，没有什么特殊原因，就是其他老师都拿他当“差生”，都认为他不可救药，没人愿意理睬。可是物理老师，人家对学生是一碗水端平，一视同仁，这个孩子得到了从来没有得到过的温暖。于是为物理老师肝脑涂地，把全部精力都用在物理学习上了，有这样的结果也就可以理解了。

这个案例，其实很好地说明了没有教不好的学生这个道理，只要找到打开“问题学生”心灵密码的钥匙,就一定能够创造奇迹。对待“问题学生”，首先要做到的就是不放弃。这既是教育的职责，也是教育的智慧。

那么，怎么能够在“问题学生”身上做到点石成金呢?

第一，尊重每一个学生。

一个优秀的班主任跟我介绍转化“问题学生”经验时说：我没有太多的秘诀，我总是想方设法多接触这些学生，多耐心地倾听他们的观点。

这样朴素的做法，却往往有很好的效果。据我了解，当这些学生走进教室时，这个教师总是能够投去友善的目光，对他的言行举止做一些正面的评论，比如“你今天走路很有精神”“你的衣着得体大方”等。这样，学生就会心情舒畅，觉得教师接受并支持他，他便会表现好。

这名教师还经常和那些问题学生谈心、沟通，真心为他们着想，让他们知道什么事应该做、什么事不应该做，让他们找到心理、思想、体力的合理释放点。比如当值日小组长、当科代表等。当这些学生在陈述某件事情或表达自己看法的时候，我们这名教师总是能够认真倾听，并以民主的姿态，表达自己的观点，从来不是高高在上。

因此说，无论如何，坚持我们的尊重，这是转变“问题学生”的一个重要基础。

第二，倾注更多的关爱。

人非草木，孰能无情？“问题学生”也有丰富的感情世界和细腻的内心世界。就像前面讲到的那个物理老师，就是他的感情投入，才有了一个后进生的进步和转变。

教师有人情味，有爱心，能从生活上、学习上、思想上体贴入微地关怀、帮助和指引学生，拉近心理距离，逐渐改变这些学生“破罐子破摔”的不良心理状态。

同时，要有一颗宽容的心。“问题学生”难免会脱离老师思想里的那个“圈”，对这一点要有正确认识。

研究表明，小时候唯唯诺诺、特别听话的孩子，长大了很多都不会有大出息的，反而从小表现出很多问题的“问题学生”，只要本质不坏，长大后很多人都会做出出色的成绩。多给学生一些自己的空间，作为班主任老师要宽容一些，不必太苛责，只要他们的做法不出大圈，不出大格，不必太过限制。

第三，坚持做到“三不”。

不挖苦学生。当学生做错事时，要耐心开导，不挖苦、不训斥，不拿大话威胁恐吓。

不进行体罚与变相体罚。比如，有的学生因作业没写，或没有按要求去做，不是简单地罚写作业，而是单独谈谈心，帮他寻找原因、解决问题。

不对他们进行心理伤害。比如，有的教师说学生：“生来就不是读书的料，还有脸往这儿坐。”“你的脑袋是榆木疙瘩吧！”……这种语言的心理伤害很大，学生觉得侮辱了他们的人格，刺伤了他们的自尊心，就会与老师产生强烈的抵触情绪，开始破罐子破摔。

第四，强调“一生一策”。

俗话说，世上没有完全相同的两片树叶，世上同样没有完全相同的两个学生，针对不同的学生出现的问题采取不同的对策，是实现“问题学生”转化的一条有效途径。当学生出现问题行为时，如上课顶嘴、打瞌睡、大声叫嚷、随意走动等，教师就要细心观察，找出导致这些问题行为的原因。

教师要留意问题行为的情形，包括在这种行为出现之前或之后发生了什么事，这种行为通常是在什么时候出现，学生是在什么场合出现这种行为，他的不良行为是否指向某个特定的学生，等等。

利用观察所获得的信息，可以判断出引发这些问题行为的原因。如果教师能够鉴别这些问题行为背后的潜在原因，就能针对每个人，制定不同的策略，从而把握时机，适时地遏制并消除它们。

第五，简洁提出要求。

“问题学生”一般理解力比较弱，很多时候不能跟其他同学采取相同的要求。比如，在给他们布置任务的时候，教师要用最简洁的语言提出要求。如果教师面面俱到，把每一个细节都一一交代清楚的话，他们往往会忽略关键地方。教师可以让他们复述所提出的要求，以便确认他们是否真正明白。

教师在解释、布置比较复杂、大项任务的时候，可以一次给他们提出一两条要求。同时，教师还可以进行示范，让他们模仿。作业也可因人而异，适当考虑减少一些，比如，允许他只做奇数序号的题目等。如果他的能力远远低于同班同学的水平，就专门给他布置难度比较小的作业。

教师的职业道德和教师的良知告诉我们，绝不能漠视和舍弃“问题学生”，应当千方百计地教育、转化他们。因为转化“问题学生”和教育优秀学生具有同等重要的意义。

让“舒展”成为教育的一个关键词

不知道从什么时候起，“让学生害怕”成为某些教师自我评价的标准之一。我不止一次听到这样的言论：这个老师太爱笑、太温柔，学生不怕，那怎么行？于是，安排班主任的时候，那些最严肃、最严厉的人便往往成为首选。久而久之，一种基于“害怕”的管理文化便在某些学校流行起来。这些学校的学生，通常表现出胆怯、逃避、退缩、沉默、乖巧，而教师和管理者，则欣欣然于这样风平浪静的和谐局面。

然而，看起来波澜不惊的学校画面真的是办学成功的标志吗？我们不妨把三个问题抛给自己的内心，也许就可以看到背后的真相。

第一个问题：我们看到的是真实的学生还是伪装的学生？满足于简单粗暴的震慑、控制，以高压政策寻求在学生中树立威信，往往造成学生虽然并不认同教师的规矩，但为了自身安全，而选择了“当面一套，背后一套”，即“双面人”——老师一来乖巧安静，老师一走地覆天翻。

第二个问题：我们是把学生当成了不断发展的个体还是实现自身

价值的工具？我们追求万马齐喑的良好局面，是真正为了学生的成长还是为了自己的荣誉和利益？许多学校评教最重要的指标，是教师任课班级的成绩，这让学生“听话”就成为理所当然的追求。

第三个问题：我们是希望树立令学生恐惧的权威还是让学生打心底里认同自己？扪心自问，我们在教育的过程中，是否过于粗浅地考虑“权威”“震慑”对学生的影响？是否过于急切、不假思索地寻求制度、管理的力量，把太多的“不许”强加到学生头上？当我们不以自身为人、为学、为师的水准作为影响学生的最大力量而去提升自己的魅力时，剩下的就只能依靠师道尊严的教条来维护自己的面子了。

简单粗暴的方式几乎随处可见。比如学生犯错了，老师动辄把学生叫到办公室，一顿呵斥：“怎么又是你，你是不是不想读书了？”“你再这样屡教不改,小心我收拾你！”“你给我站好,看我怎么处罚你！”“叫你父母来，不信制不服你！”这样的语言威胁随处可见。更有体罚和变相体罚学生，屡禁不止。

我们的老师为什么要这么做？原因只有一个——让学生畏惧老师，以便令行禁止、说一不二。有些老师把自己打造成一个高高在上、凛然不可侵犯的形象，他们渴望一种速成式的德育模式，希望通过简单的标准和严厉的措施，达到立竿见影的效果。直接的表现就是，他们善于在班级里制造紧张压抑的气氛，以至于一些学生谈虎色变，把上学当作一种煎熬。这样充满恐怖的气氛，给学生心灵带来严重摧残，也影响着学生的处世方式。跟老师们心平气和聊起来，大家似乎都懂得教育是唤醒、激励、鼓舞，但在实际的操作过程中，却不知不觉就变了味道。

有一个概念，应该引起所有老师的注意，叫“学校恐惧症”。其特征主要表现为：害怕上学，甚至公开表示拒绝上学；心神不安，面色苍白，全身出冷汗，心率加快，呼吸急促，甚至呕吐、腹疼、尿频、便急等。

孩子之所以会出现“学校恐惧症”,和压力大有直接的关系。家长、老师的高期待、高要求，社会就业时对学历的高要求，许多家长为了孩子有更好前途而创造出极好的学习条件，教师不断描绘的社会阶层划分带来的可怕结果，都在无形中给了孩子很大的压力。我见过一名刚刚高中毕业的学生,谈起她的高中生涯,心有余悸。她跟我不断描述,班主任老师如何“洗脑”，让她觉得自己无论怎么做都算不上努力，自己学习不好是如何对不起父母。加上她原本就有的完美主义倾向，在这样的心态下，她几乎被压垮，曾不止一次失去生活的勇气，尝试自杀。除此之外，大量的习题堆在学生面前，让他们不能有充足的睡眠，身心疲惫，家长和老师传达的信息就是无条件服从。长期的心理和身体劳累，也会使部分学生焦虑、烦躁、恐惧，甚至仇恨学习。有的学生产生撕书、撕作业本的冲动，甚至做出极端的行为。

我建议老师们，在工作中一定要强调“舒展”这个词。既指身体状态像大自然的花草树木一样，顺应天性，自然地、自由地张开枝蔓，健康成长，又指内心安静、舒适、愉悦、幸福。这就犹如一个植物园，阳光，雨露，和风徐徐，万物千姿百态，自由生长，自然之美尽在其中。在这样的系统中，教育遵循孩子身心发展的规律，尊重孩子自主成长的愿望，遵守立德树人的教育要求，培养人、发展人，让每一个孩子健康地、自主地、幸福地成长，成为更好的自己。

舒展是身心安全的前提，一切与之违背的教育行为都应该摒弃。对一所学校而言，能够让学生“笑着来”（把到学校当作一件快乐的事）、“哭着走”（把从学校毕业离开当作最遗憾、最不舍的事），是首先应该追求的目标。

我曾经不止一次地跟老师讲，评判大家工作成功与否可能有若干种标准，但在我心里，有一个最重要的标准，那就是，放假时间长了的时候，你的学生们期待着赶紧回到学校来，赶紧见到老师和同学。回到课堂，这种舒展则表现为一名教师敢于真正解放学生的头脑，允许学生独立、自由表达、真诚合作、尽情展示学习成果。学生不是作为学习机器出现，他们是有生活、有情趣、有热情的人，不会因“统一答案”而遭受批评、冷淡或同伴的嘲笑，课堂自始至终散发着自由、安全、健康、温暖的气息。

牢牢守住我们的“底线”

“底线”是个很流行的词汇，道德底线，伦理底线，人格底线，学术底线，职业底线，为官底线，等等。我未能从词典中找到“底线”最恰切的解释，按照我的理解，“底线”无非就是指“可以接受的最低限度”。

任何事情都一样，往往都有一个“可以接受的最低限度”，只要在这条线之上，做得不好，做得不理想，虽然不能赢得赞誉，但也算马马虎虎说得过去。可一旦突破了可以接受的最低限度，就像量变到质变一样，性质马上就不同了。

中国人总体来说是宽容大度的，到饭店吃饭，味道一般，服务一般，也就凑合了，只要别遭遇地沟油就行；新房子装修，油漆的光泽不太好，效果一般，也就凑合了，只要别掺进那么多剧毒的东西，一住进去就要了人的命。可偏偏很多事情就挤兑人啊，什么底线都没了，怎么办？无奈是一方面，但也免不了有人拍案而起。

教师这个职业自然也有自己的底线。我们可以在知识储备上不够渊博，可以在教学艺术水平上有所欠缺，但必须要清楚自己的底线在哪里，否则，很可能会犯下不可弥补的错误。一个老师为了取得好成绩，千方百计开动脑筋，真是高招不断：一到考试，班里倒着数的那些孩子“被生病”了，肚子疼，屁股痒，总之是没法到学校了；排座位时一好一差，“合理搭配”，有助于考场上“团结互助”；想方设法把考题告诉学生，让学生在考场上惊呼教师神奇的预判力；阅卷的时候要点手腕儿，见了自己的学生以“宽松”为主，见了别人的学生则以“严格”著称……这些做法,显然已不能称为“教师”所为。教师的底线是什么？这个问题的答案很简单，就是无论在什么情况下，一个教师都必须履行教师职责。教师的职责就是做好教师应该做的事，换句话说，就是教师凭良心把应该做的事做到位、做好，这就是教师的底线。

学校管理也有自己的底线。管理需要人情味儿,没错,和谐社会嘛,自然也得追求和谐学校，对不？可关键是要看这个和谐是怎样定义的。从管理角度而言，所谓和谐，指的是所有在管理体系中的人，清楚自己的任务，按照时间、空间的要求及时到位，这就像一台机器一样，每个零件都在自己的位置上欢快地、顺畅地运转着，整台机器就会表现得那么从容，那么高效。可总有些人为自身的利益所趋，挑战这个秩序，妄图从自己的那个位置跳出来，东走走，西看看，而这时的管理者，还是本着人本的思想出发去考虑问题，他要自由，那就给他自由嘛！结果是可想而知的，或许在一个点上看起来美滋滋的，可集体本身却不可避免地受了伤害。管理的底线是什么？我认为就是对制度的敬畏，对秩序的尊重。管理者要做的，就是让身处管理体系中的每一个人找到自己的位置感，遵从制度和秩序去办事，对挑战制度和秩序的人予以坚决反击，而不是一而再、再而三地退让，让整盘棋因保护某一个棋子而陷入僵局，这就是管理的底线。

教育事业更应该有自己的底线。教育这个事儿很难做，一个简单的原因就是顾虑太多。中国的校长是干什么的？似乎很难一心一意地在学校干好教育本身这点事，有太多的关系要维持，有太多的场合要出席，有太多的会要开，有太多的领导要陪。校长们说起来总会牢骚满腹。可任何事情都要换个角度思考，人们常说“天不变，道何以变”，如果只抱着这样的想法，就会在埋怨中、牢骚中荒废了教育的春天。那么教育的底线是什么？简单一句话，就是尊严。教育是有尊严的吗？明知道领导所指的路子并不符合教育规律，但我们就得不折不扣地执行；明知道教育的最大宗旨是育人，可为了“达标”，为了“政绩”，我们甚至不惜让学生说谎，应付各种各样的检查；明知道全力打造尊师重教的风气才会创造良好的教育环境，可面对“黑白两道”的压迫，就屈从了，任凭无视规则、无视传统、无视道德的事件销蚀着教育的健康肌体……“自保”是必要的，但如果尊严的底线被打破，教育往往就染上了“奴性”病，没了骨架，缺了钙，卑躬屈膝地在世间活着，还能奢望教育出有尊严的人吗？

守住底线，就是守住生存。一个教师，一所学校，我们所追求的教育，莫不如此！

请把教育暴力扼杀在摇篮中

几年前，曾经有一则关于“教师暴力”的新闻在网上炒得沸沸扬扬。

一个年轻女教师，两手拎着一小男孩的双耳，将其双脚提离地面约10厘米。老师一脸微笑，而男童的耳朵被扯得变形，张着嘴哇哇大哭。在这名施暴教师的QQ空间里，还有两张将幼童的嘴用宽胶带封住的照片，其中一张的说明为“活该”。

多么离谱的虐童现象！在记者的调查中，出现了更加让人无法理解的现实：涉事教师自称这样做只是为了“玩玩”“实在太有趣了”，而且还有另一名教师在协助拍照，拍摄后还大大方方地公之于众！她甚至很“无辜”地说，那个孩子被她放下后，笑了！呜呼，如此的施暴，竟然能够感到“有趣”，这样的教育暴力确实该引起全社会高度警惕了。尽管事发之后，虐童教师被辞退，所在幼儿园被取缔，但仅仅是这样“发现一起查处一起”的做法，并不能真正杜绝此类事件。人们不禁要问：下一次，又该出现怎样可怕的教育暴力呢？

古代有“亡羊补牢”的故事，可见出了问题并不可怕，只要及时想办法、找对策，就能防止问题的再次发生。可就目前的情况来看，虐童事件一次又一次出现，相关部门到底采取了哪些有力的防范措施呢？如果只满足于事后的严厉惩罚，似乎并不能让人满意。即使肇事的教师得到了应有的处理，即使这样的结果大快人心，可已经受到了伤害的孩子，那身体和心灵上的伤疤，是否有可能一辈子再也无法抹去？

关键在于身处教育中的每个人，都有责任、有义务，营造遏制教育暴力的环境，将教育暴力扼杀在摇篮之中。

首先，要真正实现依法治校。作为社会的公民，教师也好，学生也好，每个人都处在法律的保护和约束中。《教育法》《教师法》《未成年人保护法》，都关系到教师和学生的自身利益。可这些明明白白摆在那里的法律条文真正被落实了吗？引领教师群体，学习相关的法律知识，让每个人都清晰地看到行为的底线，都“胆战心惊”“如履薄冰”地行事，这是防止出现恶性事件的重要保障。

其次，要加强师德师风建设。教育是人对人的影响，没有完善的人格，培养出来的学生即使学富五车，也很可能会走歪路。因此，各个层面对教师的培养，都不能仅仅限于专业知识，要将师德师风纳入培养体系。要坚定不移地灌输爱，要让每一个教育者明白，其所面对的工作对象是一个个活生生的人；评价成败的标准，首先应该是道德，而非若干条刻板的规矩、条文。缺乏爱的教育，不可能是成功的教育。崇尚“暴力治教”的老师，也不可能是合格的教师。

最后，要寻找教育的真正目的。在部分教师身上出现了“硬暴力”“软暴力”，这固然与教师的个人素养有直接关系，但教育主管部门、学校管理层面也难逃干系。学校到底在追求什么？或者说，学校把最重要的育人目标定位在哪里？如果一个学校片面追求成绩，信奉“不管白猫黑猫，抓到耗子就是好猫”的理论，过分执着于分数，却忽略了人格的培养，就难免造成教师在教育过程中的简单、粗暴。假设这种简单、粗暴被管理者睁一眼闭一眼地默许，甚至不动声色地予以赞赏和推崇，出现问题就只是早晚的事了。

当然，事后惩戒也非常有必要。要明确师者的言行底线，不仅要惩戒那些已构成明显伤害的具体行为，还要矫正那些潜伏着的、不那么明显却严重刺痛学生身心的教育暴力行为。

要有勇气对校园暴力实行“杀无赦”，要看一看，究竟是饭碗重要，还是拿人不当人、解气、“有趣”重要！

教师不能是“应该主义者”

在我们老师的口头禅中，经常有类似的话：这么简单的知识，学生应该明白了啊？这么简单的事情，学生应该能够做到啊？这么浅显的道理还用我来告诉吗？学生这么大了，应该懂了啊？

可事实往往不尽如人意：简单的知识，学生考得一塌糊涂；简单的事情，学生做起来一团糟；而那些看起来非常简单的道理，学生不仅不懂，而且屡屡犯规……于是，教师在残酷的现实面前心态失衡，除了愤怒、斥责之外，也有无奈和迷茫：我们的学生怎么会这样啊？

作为一名教师要学会思考，决定教育效果的关键变量是什么？不是学生，不是家长，而是老师。一个优秀的教师总是努力反思并提高自己，并且集中关注着他自己能够控制的东西——自己的表现。遇到问题时，优秀的教师总是在自己身上寻找解决的答案，而平庸的教师总是着眼于别处，总是奢望环境的改变来解决问题——不要说这样的问题很难解决，即使真的能够解决，道路也将是极其漫长的。

那么好了，回到开头的问题上来，为什么学生在看似“应该应会”的事情上屡屡让我们不满意？归根结底，是我们部分老师身上染上了一种病，这种病可以称为“应该主义”。

何谓“应该主义”？就是指在遇到某个教育现象或教育问题时，不做理性的深层次的分析，理所当然地凭借所谓的经验或无根据的想象加以处理，一旦结果不理想，就埋怨、指责，义愤填膺，怨天尤人。“应该主义者”的遭遇是可想而知的，那就是不断碰壁，碰到头破血流、鼻青脸肿。

为什么会出现“应该主义者”的病症?

首先源于对学生的不了解。教育行为生效有一个重要前提，就是对教育对象的把握。譬如，课堂教学中，要找准学生的知识起点，凭此设定教学的难度和方案,否则,教学就容易对牛弹琴。太难,太容易，都很难符合学生的“胃口”,吃起来自然不香甜。再如学生的思想工作，要善于把握学生的年龄特征和心理特征，知道学生想什么、需要什么，以此找到问题的突破口。如果一味地认为自己掌握的是真理，就可以不分时间、地点，像填鸭似的把人生道理塞到学生的思想体系中，很多时候不仅没有效果，反倒会引起学生的逆反、抵触心理，这也是我们很多所谓苦口婆心的训导毫无意义的根本原因。

其次源于教育方案的简单机械。任何一所学校，都会开展一系列的教育活动。但这些活动放到不同的班级、不同的教师那里，产生的效果却差距甚远。同样是开一个家长会，在张老师那里开完后，家长们对学校、对老师充满了感激之情，对孩子也充满了信心，而到了李老师那里，家长却是心怀不满，抱怨和责怪学校教育的不周，对自己的孩子也是看不到一点希望；同样是一个学生广播操比赛，虽然没有取得优异的成绩，在张老师那里，却能抓住契机及时引导，让学生们充分认识自身的优势和劣势，查找不足，确定目标，增强了班级的凝聚力，而在李老师那里，孩子们则是一味抱怨评委不公，斥责别的班级作弊，就是不去反省自身的不足，结果，弄得班级人心惶惶，军心涣散；同样是两个孩子打架了，李老师怒不可遏，揪住不放，两个孩子在教室门口站了一个多星期，仍然无法进班上课，而张老师却抓住机会，借此对全班进行集体荣誉感的教育，不仅打架的两个孩子幡然醒悟，其他同学也懂得了如何做好班级的一员……教育方案的差异，直接导致了教育效果的不同。教育的对象是人，而人是这个世界上最复杂的动物，因此，任何一个教育行为都要前思后想，认真审视，小心翼翼地进行设计，这样才能让效果更突出。简单机械地处理问题，久而久之就会形成一种思维定式：不就应该这样吗？何必绞尽脑汁、费尽周折？总想一下子达到目的，不肯迂回，不肯“曲线救国”，殊不知，在这种“应该主义”的思维方式背后，回馈我们的往往就是失落和痛楚。

需要清楚的是，“应该主义”并非理想主义。理想主义是对自己所从事的事业的一种美好向往，虽然实现起来有难度，但却代表着正确的方向。而“应该主义”，却是因为对教育事业缺乏真知灼见和细致研究而带来的一种狭隘、简单、粗陋的思维方式和解决问题方式，不符合教育的规律，因而往往一起步就走向错误的方向。

有句话说得很好，“眼望星空，脚踩大地”，而“应该主义者”犯下的错误，恰恰是不仅看不到美丽的星空，也不肯埋下头来、立足现实，沿这样一条路走下去，走进死胡同就是不可避免的结局了。

教师不是万能的

多年以前，曾经看过这样一则新闻报道：

有人拟了一个题目：某养殖场共有63头牛，32只羊，那么，养殖场的张厂长今年多大岁数？这是一道考查人反应能力的“脑筋急转弯”试题，本不足为怪。但是，据说在上海某小学四至六年级做了一个试验，教师在公布题目后让学生迅速写出答案，结果让人大吃一惊，竟然有50%以上的学生将答案写成31岁。

记得看到这个报道时，在惊诧之余，又略有疑惑，是不是记者胡乱编造、哗众取宠？后来，我选择农村学校的一个初一年级教学班进行了同样的实验，结果更加触目惊心：35个学生全军覆灭。

后来问起学生犯错误的原因，有的学生说，其实自己也怀疑了这个题目，觉得没法得出答案。可一想，是老师出的题，怎么会有错误呢？而且老师急着要答案，就没再多想，顺手写下了。

亚里士多德有句特别有名的话：我爱我师，我更爱真理。而在我们学生的眼睛里，老师显然成了真理的化身。师道尊严，从一入学起，家长就嘱咐孩子要听老师的话，不听，就是不认真学习，不听，就是没出息，就是“坏孩子”。在填鸭式的课堂上，学生不用思考，只需勤奋地将教师教授的重点记录下来；出现争议的时候，大家等待着教师的裁判，很少有人怀疑教师的评判能力。谁敢去撼动教师的权威地位呢？教师无所不知，无所不能，自然成了学生眼中神圣的上帝。

更可悲的是，我们的相当一部分老师也这么认识自己。由于过分看重教师这个头衔，有的教师明明知道自己犯了错误，出了问题，却死不认账，宁可让错误继续停留在学生的头脑中，目的仅仅是维护教师“万能”的假象。

爱因斯坦说：“在真理和认识方面，任何以权威者自居的人，必将在上帝的戏笑中垮台。”教师应该是维护真理的人，而永远不会是真理本身。在这个知识爆炸的时代，海量的信息铺天盖地而来。我们一个普通的教师的头脑，怎么能够包罗万象、无所不知呢？相反，电影、电视、广播、网络，越来越开放的媒体进入生活，学生的视野开阔了，获取信息的途径增多了，新事物、新人物、新思想，也许我们并不知晓，而学生已经相当熟悉。从这个意义上说，学生反倒在某些方面成了我们的老师。如果我们还死死抱着“我是老师,我无所不知”的观点，就不免成为笑话了。

“不唯书”“不唯上”“不唯师”，强调的都是要有质疑的精神。学源于思，思源于疑，疑是思之始、学之端。可是现在不少教师备课时唯教参至上，克隆现成资料，自觉不自觉地做了教科书的奴隶，照本宣科，教参资料怎么说就怎么讲，仅成了个传声筒而已，完全没有了自己。教材处理概念化、简单化、程序化，把学生的脑袋当作容器，一味地灌输，没有留一点让学生自由思考的空间、自由发言的余地，不仅无益于学生良好思维品质的形成，反而抑制了学生的创造思维,智慧的火花难以闪现,更不要说创新了。把一个个本来富有灵气、个性鲜明的学生变成了没有生气、毫无个性的平庸之人，这是多么悲哀的事啊。

人们对事物的认识过程总是多次反复才能完成的。要鼓励学生在学习中敢于对一些看似真理的东西提出怀疑。也许他们的怀疑是错误的，也许他们提出的观点和见解并不正确，但正是在这种正确与错误的交锋中，才能获得本真的认识。如果教师只是一味地让学生死记硬背，即使把课本背得滚瓜烂熟，也难以灵活运用。新课程提倡开放性的思维，如果教师还按照手把手、一粒米一粒米地喂给学生吃的方法来教学，怎么能够适应新的教育需求呢？

古希腊著名生物学家普罗塔戈说："头脑不是一个要被填满的容器，而是一把需要被点燃的火把。"这火把点燃的过程，对于我们教师来说，实质上就是引导学生"生疑、质疑、解疑"，"再生疑、再质疑、再解疑"的过程，也就是说指导学生学会学习、学会创造的过程。如果仍然只满足于学生认真听讲，认真记录，老师讲什么是什么，教什么听什么，给多少学多少的状况，学生没有主动意识，缺乏参与精神，恐怕会严重阻碍学生的发展。教学的根本就在于引导学生"怎样学习"和"怎样思考"。所以我们就主张学生多与老师交流，敢于向老师质疑，甚至与老师争论。不轻信老师的说法，不轻信现成的结论。鼓励他们突破思维定式的羁绊，摆脱条条框框的束缚，让他们学会大胆质疑、小心求证的治学方法；让他们把书读活，把问题想透，真正做到温故而知新、举一而反三。而作为教师，要小心翼翼地呵护学生创新的"火花"，而不该是不假思索、不负责任地举起"权威"的大棒，将一个刚刚露头的想法彻底毁灭在萌芽状态。

无疑，这对老师是一个考验。新的教育理念提出，教师应该与学生共同学习，其出发点也在于要求教师从高高的神坛上走下来，别再冒充万能的上帝，以一个普通人的心态，蹲下身子，和学生一起探索真理，完成教育任务。相信这样的教师能够更多地得到学生的尊重和拥戴。

不要过度规划学生的人生

高三填报志愿的时候，我见过很多学生一问三不知的状况，想读什么学校，想学什么专业，想去哪个城市，未来想做什么，不少人“茫茫然”。“不知道”“随便”“您来帮我选吧”，是不少高三毕业生给出的答案。这的确是个残酷的事实，每个孩子与生俱来都有他自己独特的天赋和才能，但是，目前高中学生普遍对自我兴趣、个性、价值观了解不够，因此，职业认知水平和职业抉择能力不高，不太了解社会对人才的要求和标准，不能很好地确定自己未来发展的方向，因此也无法规划自己的人生。

于是，学生生涯规划教育应运而生。许多学校积极为学生搭建生涯规划的平台。有的在课程层面，开设独立的生涯规划课程体系，并配备专业的生涯指导教师，为学生认识自我和了解职业提供咨询和指导，帮助学生明确生涯目标；有的在体验层面，开展多种形式的生涯体验活动，比如设立“职业讲坛”，邀请优秀毕业生、优秀家长、当地名流、社会名人等到校开设讲座，为学生讲解各类职业特点、职场故事、未来发展趋势等，或者组织学生参观高校、模拟面试、就业模拟训练、职业角色扮演等，让学生有更多的机会发现和发展自身的兴趣特长；有的在实践层面，加强学生的社会实践能力，充分利用现有和外部资源，与社区、用人单位建立良好关系，以作为学生参观和学习的基地，让学生通过参观、访问、访谈、实习等方式，加强社会实践，了解职业情况。

应该说，这些探索的确从一定程度上避免了学生选择的盲目性，增强了学生的自我意识、自控能力，帮助学生在“学业—专业—职业—生涯”之间初步建立起内在联系，进而获得明晰的人生目标。

但是，新的问题出现了。

有一次，我到某校考察，恰逢高一年级组织“职业论坛”，我发现，来的人很多，但几乎都是家长，只有为数极少的学生。我跟负责组织活动的学校领导进行沟通，她表现得很无奈。这种事关学生未来的规划本该学生来参与，但现实是，大多数父母包办了一切，替代孩子谋划未来就读的学校，选择相关的专业。尽管有了这样的规划课程，但学生们仍然是个“傀儡”。

这是一个非常现实的问题。生涯规划教育进入学校，并没有真正改变父母包办孩子明天的现状，甚至因为反复强化规划的概念，更加剧了父母的紧张和焦虑。而且，随着规划的重要性被无限度夸大，生涯规划教育似乎越来越低龄化。有一个小学三年级孩子的母亲跟我交流，她把儿子的未来规划得清清楚楚：读哪所初中，读哪所高中，考哪个大学，读什么专业，将来在哪里工作，甚至什么时候结婚，要娶的媳妇应该从事哪些职业，是个什么类型的女孩，都有非常细致的想法。

显然，这样的规划，带来的是愈演愈烈的急功近利的焦虑感。为了让自己的孩子能够在人生道路上如预期般行走，这位母亲可以说是事无巨细地把控着一切。跆拳道、游泳是为了锻炼身体，增加男子气概；

弹钢琴、跳拉丁舞是为了培养艺术天赋，对以后找女朋友有帮助；学英语是为了出国方便；围棋、奥数是锻炼逻辑思维能力；读古文是为了学习传统文化；练毛笔字是磨炼他的急性子……在妈妈强烈的规划意识引领下，一个三年级的孩子，成了一个停不下来的陀螺，他的妈妈不仅管着学习，连性格、气质、体魄、逻辑思维都考虑进去了。这个母亲固执地认为,只有这样孩子才不会走弯路,不去做好缜密的安排，那才是大麻烦。

这是一个普遍的社会性问题。相当多的父母被不确定的孩子与不确定的未来困扰，误以为只有做好规划孩子才不会在未来的竞争中被淘汰。但俗话说，“计划没有变化快”，就算孩子真的按父母的安排去完成“任务”，就一定能够像家长期盼的那样发展吗？没有人能够打包票。面对日新月异的未来，有几个人能够准确预判呢？如果我们连未来是什么都不知道，这样的规划又能有多大意义呢？

美国某中学曾做过这样的实验，将尘封了三十年的一个班级当年写下的题为《我的理想》的作文重新开启后，惊讶地发现，全班竟然没有一人现在从事的工作和最初的愿望一致。

这个案例很值得玩味。虽然规划未来很重要，但万事皆在变动，无法预料的各种机遇和阻碍不断出现在大家面前。并且，这又是个快节奏的世界，环境在变，生活在变，就连我们自己也在变。太多太多的意料之外，太多太多的无法预期的不确定因素，影响和改变着每一个人。唯一的应对办法，就是尽自己所能把手头的事情做好，并且在机会和挑战出现时保持一颗积极的心。只要踏踏实实地走好今天的每一步，就是对明天最好的交代。

美国通用公司的执行董事理查德·瓦格纳在杜克大学毕业典礼上

的演讲中说道：

> 从我的切身体验中，我能给出的最重要建议就是：不要过度规划你的生活。虽然规划未来很重要，但万事皆在变动，无法预料的各种机遇将不断出现在你面前。因此，现在你能做的就是尽量把手头上的事做好，并且在机会出现时保持一颗开放的心。

从他身上，我看到了大智若愚。从通用公司的一名小职员发展成为执行董事，他也是历经挫折。远离家乡，到一个陌生的国度去生活，一步步走了过来。这绝非理查德·瓦格纳认真规划的结果。大凡在事业上有所成就的人，从来都是着眼于现在，不会有太多怨言，踏实做事，遇到困难就去一步步努力解决掉的人。

不能否认，未来是变幻莫测的，没人能先知先觉，人生因为变化而丰富多彩。未来的社会必然是一个可以不断跳槽的社会，职业上的“从一而终”未必现实和值得推崇。唯一要做的，就是一点点努力，一点点积淀，自然而然就会慢慢达到一定的高度，水到渠成。为选择打好根基，才是关键。

1985 年之前，我只是一个懵懵懂懂的孩子，生活在偏远的农村，完全不知道自己将来会干什么。而中考之后，人生却迅速定向：读师范，当老师。但这个定向不是源于理想，也不是出于热爱，是贫穷的家境，让我选择了承担责任，尽快“自给自足”，就是这样一个理由，决定了自己的未来。2013 年之前，我以为我的人生已经定型，在一个狭窄逼仄的区域里，做着再熟悉不过的事，再无跌宕起伏，更无波澜壮阔。但短短五六年的时间，我却从那个北方的小城跳出来，到烟雨迷蒙的江南工作，又转而来到辽东半岛，开始了崭新的生活。这些，我又怎么可能规划得出来呢？

很多的时候，不是规划好了前行方向，而是一直在前行，走下去，慢慢就有了方向。

曾经有人生规划方面的公司极力游说我，大谈职业规划对学生的益处，希望我所在的九年一贯制学校能够引进职业规划课程，鼓吹这个课程很流行，受到很多大学和中学的欢迎，但被我婉拒。

基础教育，立足于为人生扎根，很大程度上就是要给人提供未来发展的更多可能性，至于将来那根枝、那片叶、那朵花成为哪片天空的风景，又有什么关系？作为学校而言，应该在培养学生应对未来的核心素养、关键能力上下功夫。

如果学校的生涯规划教育超过必要的限度，过早地给学生划定一条道路，替学生寻找人生捷径，往往会对父母和孩子的焦虑起到推波助澜的作用，甚至是以牺牲人生自由为代价，带给学生抑郁、焦虑、无奈等消极的心理，以及对自己未来的无力感和缺乏激情，那换来的很可能就是悲催的人生。这显然与课程开设初衷大相径庭。

当然，这里强调的是“过度”二字。中短期计划，可以减少行事的盲目性，使人少走弯路，并且有助于自检、调整和完善，有着积极意义，并不在此列。

第二辑

师生之间如何相处

教育的起点是信任

常有老师跟我抱怨：为什么我苦口婆心地讲了那么多道理，讲得口干舌燥，总也没有效果啊？你看，孩子们在我面前毕恭毕敬，一副言听计从的样子，可一扭脸儿怎么就把我的话全都丢了呢？

我经常反问这样的老师：你能否觉察出学生是否用心在聆听？你觉得学生是否心服口服地想听并接收你的那些道理？或者说，你是否丢失了学生对你的信任？

很多时候，学生听不进老师的话，并非老师讲得没有道理，而是学生不相信你的话。信任是教育的起点，不信，则所有的教育行为都会失效。很多老师就在这个问题上栽了跟头。

老师努力让自己的学生信自己是非常重要的。

如何博得学生的信赖？

信来源于教师的以身作则。对学生提出的要求，教师首先要做到。譬如，我们要求学生书写工整，作业写得潦草，就要受到教师的惩罚，可一个老师在黑板上、在学生作业本上写下的文字却是龙飞凤舞，类似天书；譬如不让学生带手机，老师大讲特讲带手机的种种危害，提出严格的惩罚措施，可一转眼，老师的手机在课堂上肆无忌惮地响起来，然后就无所顾忌地接通了电话；譬如迟到要罚站，要反省，可老师迟到了却丝毫没有愧疚，甚至不给学生一个解释……如此说一套、做一套，双重标准，让学生如何接纳你？在这种情况下，一个老师还在装模作样、一本正经地给学生讲授人生的大道理，自然只会被学生嗤之以鼻。

信来源于教师的一碗水端平。教师失去信任的一个重要原因是不公平。这种情况并不鲜见，教师在与学生相处过程中，往往是戴着有色眼镜的。学生成绩差，行为习惯不好，自然在老师的心头就刻上了“差生”的烙印，这会直接左右教师的态度。譬如，几个学生同时迟到了，教师很可能会根据学生平时的表现迅速将学生归类：那些平时成绩好、相对乖巧的，教师可能轻描淡写、一带而过，而对另一类学生，境遇则大不相同，教师好不容易抓住了“小辫子”，那是注定要死死不放的。优等生如果说堵车，教师深表理解，而“差生”如果说堵车，对不起，很可能换来的就是老师的质疑和冷嘲热讽。同一件事，采取截然不同的处罚标准，最容易引起学生的反感、抵触，甚至叛逆，信任也就无从谈起了。

如果仅仅是因为教师不满意学生的表现而给学生分了三六九等，似乎还情有可原，但事实上，教师的一碗水端不平往往还有更深层次的含义。每个孩子的家庭背景不同，父母的社会地位不一样，经济状况也有差异，这些往往左右着教师对待学生的态度。对一个官二代和一个农民的孩子，也许在某些老师的眼里已经先入为主地有了差异。在如此情形下，教师的一言一行、一举一动，甚至一个眼神、一个表情，都会有微妙的差别。这种差别，看似不起眼，却极易被异常敏感的孩子捕捉到。时间久了，信任也就丧失了。因此，任何以“物”“名”“利”“权”为出发点的教育都会导致信任度的下降。

信还来源于有要求就有检查、有承诺就有兑现。我们不难看到如下的场景：同学们，这篇课文写得很美，课下大家再读两遍；同学们，这个问题来不及学了，请大家课下自己查阅资料，下节课我们继续讨论；同学们，大家好好努力，期末考好了，我陪大家一起去郊游……结果呢？课下书读没读老师再不过问；随口说出的“继续讨论”在第二天上课时早就丢到脑后了，让那些精心准备的同学说不出的郁闷；期末过去了，学生满心的期待变成失望，如果有“不知趣”的学生非要问起当时老师的承诺，老师总是含糊其词：真不能去郊游啊，太不安全了，校长也不同意啊！布置了没检查，承诺了不兑现，学生就不会再拿着你的话当回事，就会对你的说法将信将疑，那信任还从何谈起？

用科学的爱彰显教育智慧

没有爱就没有教育，这是有良知的教育者的共识。爱是一种责任，是教师必须承担的职责，是教育生效的必需条件。但爱必须是科学的，才称得上真爱，才会被受教育者接受，结出应有的爱之果。换句话说，爱学生是需要能力的，懂得科学的爱学生才能彰显教育的智慧。

可是我们真的都具备爱学生的能力吗？为贫困学生无偿捐物、捐款供其求学是不是爱？无微不至，关心其饮食起居是不是爱？起早贪黑，奔波忙碌，几乎累死自己是不是爱？棍棒交加，威逼厉喝，谓之严格，是不是爱？对调皮者恶劣训斥，谓之谈心，是不是爱？这些问题要回答起来并不是那么容易，因此，看似简单的一个命题，真的要认真寻求答案。

常常感受到一些老师的困惑：我那么关心他们，那么认真教他们，可是他们还是不领情，为什么呢？

有一次，我在课间上厕所，刚到厕所门口就听到里边有一个男生在发牢骚："真是'最毒妇人心'啊，我们班的李老师真讨厌，她简直想要我们的命，放两天假要我们做《同步训练》三十页，三十页啊！我恨不得……"这位咬牙切齿的男生一抬头，正巧看到了我，马上咽下了后半句话，扭头跑了。

这个男生所说的老师是我校一位教数学的老师。这位老师真的有孩子们说的那么可恨吗？据我了解，这位老师很负责任，很有能力，课上得好，人也长得漂亮，她所教的班级数学成绩几乎年年考第一。她一心扑在教学上，上课认真，下课也认真，还常常牺牲休息时间为那些成绩不好的学生补课。可是为什么她的好心没得到学生的认可呢？简单一句话，这叫“好心办了坏事”。我知道，她让学生在假期完成这么多的作业一定是想让学生考个好成绩，可恰恰是这样的做法，并没有体现出真正的关爱学生。或者说，这样的做法里也蕴含着“爱”，但这种爱是不科学的，当然难以被学生接受。

也许有老师说：“我对他‘严’怎么就不是真正的爱呢？不是说‘严师出高徒’吗？我把作业布置多点还不是为他好？还不是想让他学习好？学生到学校来不就是学习来的吗？学生做错了事我批评他、罚他，这不正是我们老师负责任的表现吗？”其实，并不是说严不好，也不是说批评不行，而是这种严的出发点是什么呢？你这种批评的方式对吗？扪心自问一下：你真的是打心底里想让他学习好，让他有一个好的前途，让他成为一个对社会真正有用的人吗？未必吧？很多时候，我们的这种严有很大程度是想通过学生的成绩来实现自己的人生价值，来证明自己是一个很会教学生的好老师，从而得到他人的认可、社会的认可，甚至得到自己想要的一些实质性的东西。所以我们才不停地去逼学生，逼他学学学，逼他考考考，“唯分是命”，总把学生的是非与自己的考评挂钩，总把学生的过错与自己的得失相连，但嘴里却说“我是为他好”“我这是恨铁不成钢”“我是爱之深恨之切”，可是，两天三十页的作业，是不是可以判定为借着爱的名义在做摧残孩子心灵的事？

怎样的爱才是科学的爱，才会被学生接受呢？

首先，科学的爱是因势修枝，而不是一厢情愿的塑造。每个孩子的基础不同、个性有异，教师不能忽视这些差异，而简单地抱着将其生产成标准件的思维方式来对待。这样势必会与学生的实际发展需要相背离，从而导致你的爱出现问题。我们都欣赏过根雕艺术，如果一个像奔马的树根，你执意要雕凿成一座山或者一朵云，最终的结果只能是成为废品，劳而无功。

其次，科学的爱是诱发正能量，而非导向消极。爱的作用是激发学生的潜能，让学生看到生命的亮色，体会到生活的希望，从而愿意用饱满的热情和积极的态度面对学校生活。无论我们有什么借口，如果我们所谓的爱造成的结果是学生灰心丧气、一蹶不振，是破罐破摔，甚至是远离校园，失去了求学的机会，我们的爱不仅是不科学的，甚至是不道德的。

最后，科学的爱系于行动，而非说教。教师应该善于创造机会，通过组织相应的活动，和学生一起经历生活，在现实的生活情境中让他们去理解教师的苦心，去探索人生的道理。那种貌似充斥着爱的意味但却空洞乏味的苦口婆心，即使唾沫星子横飞，教师费尽了气力，但往往传递给学生的都是不实在的爱的信号，很难被学生的心灵接收，奢谈效果也就不可能了。

不要在心中树敌

教师工作之累确实非其他职业所能比的：八小时之外，人家都已经将工作放下，尽享天伦之乐，但教师往往是个例外，心里还要装着学生，大脑难以彻底轻松。这是教师职业特点所致，不必过分发牢骚。

但仔细观察，相当一部分教师身上还背负着一种“累”，这种累却主要源于自己：很多教师没有把教书育人的工作当成自己生活的一部分，把工作和生活生硬地割裂开来。这种人生态度就决定了把自己置身于工作的对立面，置身于学校生活的对立面。每天也就免不了硬着头皮走进学校，走上课堂，疲于应付，苦不堪言，这种状态中的人不累才怪！

一个人成年之后最大的幸福感来自对职业的认同。如果打心眼里不喜欢自己所从事的工作，当一天和尚撞一天钟，就相当于在内心深处树起了一个极其强大又无法摆脱的敌人。四面为敌，终会四面楚歌。

教师的“树敌”表现何在？

首先是与教材为敌。备课，那是多么烦琐的一件事啊，枯燥的课本，乏味的知识，年复一年、日复一日地重复，一遍遍将教科书上的白纸黑字原封不动地搬运到教案本上，累得手腕子发麻，毫无乐趣可言。

备课成了真正的体力劳动，难怪看到教材就烦！

要知道，教师属于专业人才，在某个学科领域有着自己独到的素养和知识基础。一个教师必须爱上自己的学科，才能在教材中寻找到趣味点。教材不是要挑战的堡垒，也不是要攻克的难关，而是自己探索和追求的乐园。备课自然也不是僵死的活动，而是充满了生命的灵性和智慧。不做教材的传声筒，在备课中，发挥自己的聪明才智和无限的创造力，无形中提升着生命的质量。那种一本教案用一生的做法，除了是对学生的不负责任之外，其实也是造成自己职业幸福感缺失的重要原因。想想于漪老师对记者所说，她一辈子精心写下的满满一书柜教案本是她整个教育生涯最大的财富，蕴含了多少朴素的真理啊！

其次是与作业为敌。如山的作业堆积在案头，一本本批改，一本本修订，何其烦心啊。既然批阅作业如此让人头疼，于是，大光其火，在作业本上潇潇洒洒写下“笨蛋”“重写五十遍”之类的话，或者毫不怜悯地用粗粗的红叉子将学生作业判了死刑。一边批阅一边叹气、抱怨，似乎作业成为了影响幸福的障碍。为何不换个思路？在批阅过程中找亮点、找进步，少看毛病，多看长处，为学生点滴的成功而喜悦，或者在作业本上即兴写下几笔与学生交心的话，兴许能收到一个孩子充满感恩的回复，何其乐哉？

当然，更可怕的是把学生当作“敌人”。每天要做的最重要的事，就是与学生斗智斗勇。如果乐观一点，可以自嘲为“与人斗，其乐无穷”，这也就罢了，可偏偏有的老师肚量不够，在“斗争”中稍落下风就无法容忍，于是充分利用教师这个头衔所赋予的权力，罚站，罚抄写，冷嘲热讽，甚至武力解决，换来的很可能就是势不两立的对峙。彼此心意不通了，教师的各种意图无法落实，不满、失落、痛苦、愤怒也就接踵而至。这是与学生为敌的必然后果。为敌，就是找到了对手，自然是示强，是不甘居下风，弦儿绷得紧紧的，力气用得足足的，唯恐失败落到自己头上，争强好胜的结果往往是两败俱伤。其实，教师何不像魏书生老师说的那样，把学生“笼络”过来，当作自己的助教？试想，一个班五六十个孩子，都成了你的助手，都在心甘情愿地帮你做事，那教师这个事儿干起来多么轻松惬意啊！当然，这就要求教师学会点“大智若愚”，必要时甚至可以“装傻充愣”，在学生面前不是什么万能的上帝，而是一个有血有肉、有情有义，当然也有缺点和毛病的人。你示弱了，未必就会降低你在学生心目中的地位，相反，他们会觉得你再也不是高高在上、高不可攀、冷面相对的“敌人”，而是那么温暖、那么亲切的朋友，是一个可以共同商讨问题、解决问题的“学友”，是不是一切就都顺理成章了？

不要在心里树敌，要真正把教育当作自己的事业，把学生当成成就自己的人。用爱去面对一切，所谓的“敌人”自然会从此杳无影踪。

融入学生是教育的开端

我不止一次地看到老师困惑的表情：为什么我如此努力，可学生照样拒我于千里之外？为什么我苦口婆心讲出的道理，学生根本不听？

教育行为失效的原因自然是复杂的，但有一点可以肯定：教育是心灵对接的工作，教育者和受教育者之间如果不能心意相通，所有的教育行为必然达不到预期的目的。于是，我们不难看到这样的场景：学生规规矩矩地在“听”老师的训示，但基本属于左耳进、右耳出，在教师眼里极其重要的信息，尚未进入学生的意识系统和行为系统，就被“删除”了。在如此情况下，教师的教育梦想能够换来学生的实质改变才怪！

关键点就在于教师是否在学生的内心深处。如果学生崇拜、信任、依赖自己的老师，把老师当成自己的偶像或朋友，那么，教师说的每一句话都会成为“真理”，每一个要求都会成为“圣旨”，学生焉有不洗耳恭听、认真照办之理？教育，说穿了就是人对人所施加的影响，一个教师不被学生认可、喜欢，进入不了学生的内心，对学生的影响也就无从谈起。即使有时候表面上看起来学生乖巧听话，也是由于教师这个特殊的身份造成的，学生“不得不听”而已，很难说是心悦诚服、心甘情愿。

说到此，想起了魏巍先生笔下的小学女教师蔡芸芝——一个从不打骂学生、温柔美丽的年轻教师，深深赢得了学生的心。魏巍先生写道：“我们见了她不由得就围上去。即使她写字的时候，我们也默默地看她，连她握铅笔的姿势都急于模仿。”试想，一个老师得到学生如此的喜爱，一旦这个老师提出自己的要求和希望，学生会如何对待呢？

因此，融入学生是教育的开端。

如何融入？

第一，要以教师自身的魅力吸引学生。让学生喜欢上、爱上你这个人，进而喜欢和爱上你的谆谆教导。浅薄，平庸，讲起课来错误百出却又自以为是，很难被学生接受。知识渊博，谦和宽容，风度翩翩，灿烂阳光，这些因素都会使一个教师成为学生眼中亮丽的风景，从而乐意追随。如果你在学生的眼中一文不值，受到排斥和疏远就成为必然。

第二，要想方设法与学生多一点接触。上课来，下课走，从不肯在教室逗留片刻，无形中就拉大了与学生的距离。从空间角度讲，你离学生八竿子远，想融入学生也就不可能了。早去几分钟候课，与学生闲聊几句，了解了解学情；下课后晚走几分钟，听听学生是否还有疑惑；在楼道里，在操场上，和你的学生扯几句与学习无关的闲篇等，往往都能一下子拉近彼此的距离。课堂之外的教师和蔼可亲，更容易消除学生的疏离感和戒备心。魏书生介绍经验的时候总会谈起，他的课间就在教室待着，甚至就在教室办公，这种“混迹”于学生之中的做法，不能不说是“真智慧”“大智慧”。

第三，教师要学会让脸上有温度，让身段软起来。板起脸来，看似威严了，但并不能换来学生的尊重。有的老师极其“吝啬”，从不肯给学生一个笑脸，自以为尽享师道尊严，实则无形之中把自己“架空”了。真正要赢得学生的信赖和尊重，往往不表现在学生对你的怕，对你的敬而远之。恰恰相反，看似学生可以跟一个老师嘻嘻哈哈，畅所欲言，有些过于随便了，但在毫无芥蒂之中，心与心已无限接近。李希贵当校长的时候，穿上滑稽的衣服和学生一起参加狂欢节，并没有使他的威信降低，相反，学生们都把他当作最好的校长、最好的老师，当然，也是最好的朋友。

第四，教师还要学会主动示弱。教师不是神，不要自以为所有认识和做法都是真理。主动征求学生意见，主动表明自己有些东西不会，主动寻求学生的帮助和学生的建议，能使老师的形象变得更“高大”。不妨定期发个调查表或搞搞座谈，对孩子们提出的质疑，有则改之无则加勉，这都是很好地走近学生的“招数”。如果明知道有问题，明知道不懂，却要硬挺着，却要“装”上一番，是很容易被学生“嗤之以鼻”的。

当你能做到蔡芸芝老师那样，手里的教鞭高高举起，而即将被挨打的学生却倍感幸福，你还会无奈于自己的教育为何总是无效吗？

“忽视”是隐性的杀手

跟一位年轻的班主任聊起班级工作来，这位班主任愤愤地说：“我们班的×××，真让人头疼，打架，骂街，谎话连篇，上课不听讲，下课不写作业，说旷课就旷课，简直就是滚刀肉，油盐不进，连家长都管不了，您说让老师怎么办？只有淡着他。我已经跟我们所有的任课教师通气了，从今天起，谁也不许理他，看他还有什么新鲜的！”

听了这个班主任的话，我内心一阵阵发冷。这是多么可怕的方式啊？要知道，教育失效的一个重要原因是“忽视”，最大的教育惩罚不是训斥、打骂，而是“疏远”“冷淡”和“视而不见”。

过去常说，“心中有案，目中无人”，指的是教师在课堂教学中对学生的视而不见。由此延伸开来，在教师的教育行为中，处处存在着忽视学生的问题，由于对教育对象研究不够、关注不够、了解不够，从而导致教育效果低劣。

没有关注，就谈不到关爱；没有关注，就不能因材施教、对症下药。关注是一种态度，也是一种方法。关注来自责任心，来自科学与求实的工作态度。高度负责的教师，笃信“只有准确把握变化中的对象，才能施行有效教育”的理念，就一定会下大力气去观察、了解、分析、研究学生，也一定会在这种准确把握的基础上设计并实施自己的教学行为，因为这是科学精神的本质要求。像开篇提到的班主任所采取的办法，尽管可以用无奈和迫不得已作为借口，但仍然难以逃脱不负责任的嫌疑。当一个问题学生出现时，他最需要得到老师的帮助和引导，而偏偏在这个时候，教师相约“集体放手”，置之不理，其结果如何，可想而知!

关注的前提是了解。你所教的学生有什么性格特点？喜欢交什么样的朋友？学习中有哪些长处和短处？家庭背景怎样？有没有什么疾病？要通过多种途径悉心体察，认真从事。想想看，如果教师们都这样尽心尽力地了解学生情况，认真地做好各项相关工作，并能及时发现意外变化，调整工作布置，那么还有什么困难不能克服？什么学生不能教育好呢？

要观察学生的情绪。教师要有一双敏锐的眼睛，要能够从学生的眼神和表情中发现各种苗头。被人欺侮、自惭形秽、自负，或不公正待遇、不合理的限制和谴责、挫折与失败、家庭缺乏温暖等原因，都可能造成学生的负面情绪，影响其身心健康。教师应密切关注，及时发现，采取手段，防微杜渐。对学生不要胡乱猜忌、鄙夷歧视，不要损伤他们的自尊心和人格。如果那样做，容易使学生产生对立情绪。善于发现和把握他们心灵中闪光的东西，善于点燃他们的自尊心和集体荣誉感的火种，这对于克服他们的自卑心理、虚荣心理、利己主义情感等都有重要的影响。学生的表现有时只是一个细节，但是这些细节背后蕴藏着他们最原始、最真实的想法，如果老师能够关注到学生这些细节表现，了解他们的想法，然后根据这些情况相应地改变自己的教育教学行为，就有可能收到意想不到的效果。

要善于接纳学生的意见。一个老师如果能够向学生学习，他会受益匪浅。我们有的教师不允许异端的存在，常常扼杀学生的创造性见解，与关注学生、提携学生是完全背道而驰的。要允许个性思想的存在，而不应该是“五十颗脑袋长在教师一个脖子上”。对学生的意见，教师要时刻本着欣赏和客观评价的态度来接纳。当然，教师在接受学生新颖的见解时，不妨让他们说出得出结论的过程，这样有利于教师真正了解学生，了解他们的思维方式和不同个性。

此外，巧妙利用学生的错误也很重要。著名特级教师于永正有一句话值得我们深思。他说：“课堂上学生犯错误不要紧，只要不犯同样的错误。”允许学生犯错误，给学生一个重新认识、思考的过程，在教学中非常重要。在课堂教学中，对于学生的错误，有的教师大发雷霆，有的则挖苦讽刺，损伤学生的自尊心，使其心灵受到伤害。其实，一个优秀的教师会有意识地暴露学生的错误，抓住学生的错误不放。当然，所谓的抓住，不是对犯错误的学生进行批评、体罚，而是帮助学生找出犯错误的原因，从而找到正确的方法与答案，这才是对学生真正的帮助。

想想我们自己，如果还把淡漠、忽略、置之不理、视而不见等当作教育行为中的合理成分，如果我们的眼里仍然只有班里边那几个佼佼者，显然，我们的工作不仅会越来越陷入被动，而且，我们已经违背了教师这个职业的基本道德准则。

掌握批评的艺术

教育部出台的《中小学班主任工作规定》中有这样一条：

第十六条　班主任在日常教育教学管理中，有采取适当方式对学生进行批评教育的权利。

这个规定一出台，便遭到了舆论的嘲笑：难道班主任有对学生进行批评教育的权利也要写出来吗？这不是天经地义的事吗？

我想，编写这个规定的专家们也是迫于无奈，或者说，也是为了拯救班主任们于水火之中。因为，现在的学校教育似乎陷入了一个误区：学生批评不得，凡是批评都会打击学生，甚至影响学生的身心健康。这种夸大其词的说法，让教师在面对学生的问题时畏手畏脚，不敢拿起合理的批评的武器，不得已，只能手足无措，缴械投降。加上弄不好就会被戴上体罚的大帽子，背个处分，甚至丢了饭碗，谁还敢批评教育呢？

其实，早在进入学校以前，儿童已经经历过各种各样的批评与惩处了。任何一个家长，都无法在只说好而不说不许、不好的条件下照看自己的孩子，所以凡是身心发育正常的儿童，都有一定的耐受力，不会因为两句批评就消沉下去。那种一味的表扬，甚至连缺点和错误也采取表扬的方式，未必会收到好的教育效果。

学校教育有一定的强迫性，所以不可能都是快乐的，也不会不需要批评与惩处。有人提出“无错原则”，并不是说学生不会犯错，也不是说学生犯错不需要批评，不需要纠正；只是说学生犯错很正常，不必大惊小怪，也不要随意夸大，揪住不放。作为教师，肯定学生的成绩，指出学生的不足，纠正学生的错误，促使他们尽快走向成熟，既是职责所在也是权力所在。

当然，学生正处在思想由不成熟逐步走向成熟的关键时刻，如何正确地进行批评直接关系到个人、家庭、社会的前途和命运。从这种意义上讲，教师掌握好批评这门艺术尤为重要，绝对不能让批评成为加剧学生学习困难的重要诱因。

合理批评包括以下几个要点：

★态度诚恳。教师批评学生，必须是真心实意帮助学生改正错误，而不能因自己的权威受到了触动，丢了面子，把心中的怒气发泄到学生身上，进行挖苦、讽刺。虽是批评，但要让学生体会到爱心和关切，从而真正敞开心扉与教师进行交流。

★实事求是。教师批评学生，评价要客观，对其缺点和错误既不能夸大也不能缩小，不但要明确指出错在什么地方，还要帮助找出改进方法，使学生在教师指导下改正自己的错误。尤其忌讳戴着有色眼镜看人，对待平时表现差的学生吹毛求疵，鸡蛋里挑骨头，让学生感受到不公正的待遇，使教育效果彻底为零。

★尊重学生。人都是有自尊的，相对来说，学生的自尊或虚荣更强。

当我们当众发现学生的某种错误的言行和举动，或者由学生举报经过自己详细了解证实某生确有错误的时候，不宜在班会或公开的场合批评，这样会伤害他们的自尊，会令他们感到难堪，甚至导致学生从此一蹶不振，消沉下去。

★有的放矢。批评学生方式方法的选择，要根据具体环境和学生的个性特点、情绪状态及承受能力而定。如必须当场提出批评的，应及时批评；事态不严重的，事后提醒；学生已认识个人的错误，且处于自责状态的，用委婉的语气批评或事后批评；学生自认有理，且处于抵触情绪强烈时，可“冷处理”，避开正面严厉批评。批评学生还要考虑其个性特点，因人而异。如对于有惰性、依赖心的学生，宜措辞尖锐、语调激烈，但绝不能讽刺挖苦、肆意辱骂；对于自尊心较强的学生，则是逐步传达出批评信息，使对方逐步适应，逐步接受，这种方式不至于一下子谈崩；对于盲目性大、自我觉悟性差，但易于感化的学生，宜借助他人的经验教训，运用对比的方式烘托出批评的内容，使被批评者感受到客观上的某种压力，促其自我反省；对于脾气暴躁、性格倔强、容易激动的学生，宜以商讨的方式，平心静气地使其在一种友好的气氛中自然接受批评意见；对于善于思考、性格内向、各方面比较成熟的学生，宜将批评的信息以提问的方式传递给他们，学生自然就会意识到，并加以注意。批评有针对性，收效才会大。老师在台上大讲特讲，但讲得大、讲得空，一般学生既摸不着头脑，犯错误的学生也不怕，还是我行我素，这是实施批评教育最忌讳的。

★留有余地。在批评教育时，力求点到即止，留有余地，给学生一个自我批评、自我教育的机会。这样学生既易于接受，又会对老师的宽容产生一种负疚感，从而有利于不断鞭策自己，尽量少犯或不犯错误。如果班主任对学生的错误唠唠叨叨、喋喋不休，否定或者贬低学生自我认识、自我批评的积极性，那么学生就会产生一种逆反心理，结果会事与愿违，大大削弱教育的效果。从学生的心理承受出发，恰当地运用留有余地的批评方法，会收到意想不到的效果。

★含蓄委婉。“一把钥匙开一把锁”，犯错误的学生，自尊心表现得更为复杂，自卑、敏感、脆弱，甚至产生破罐子破摔的想法。而实际上，在他们的内心深处，仍有上进要求，渴望得到老师和同学的理解和帮助。对这些学生，在批评时既要讲原则，不迁就其错误的思想行为，又要讲感情，尊重他们的自尊心。美国著名的企业家亚科卡说过：“表扬可以印成文件，而批评打个电话就行了。”就是说，含蓄而不张扬的批评有时比那种电闪雷鸣式的批评效果更好。

我国著名心理学家、教育家林崇德教授认为：“表扬是爱，批评也同样饱含着对学生的爱。”不论采取何种方式的批评，目的都只有一个：促进学生修正错误，增强上进心。如果达不到这个目的，甚至适得其反，我们就必须对批评的方式做出调整。

别把学生推到对立面

一个班主任怒气冲冲地带着学生到我办公室诉苦：这个孩子我管不了，根本就拿我的话当耳旁风，说什么都不听，竟跟我耍浑，他爸一会就来，我倒要问问他，怎么教育儿子的，到底想管不想管，家里都管不了就别往学校放，干脆滚回家……

他滔滔不绝地数落着，我却一直暗自观察着站在边上的那个男孩子。男孩子一开始表情比较凝重，略带不安，但随着老师“控诉”的深入，他忽然轻松了，甚至露出不屑和满不在乎的表情，仿佛已经看出老师“黔驴技穷”……

我充满了惆怅，显然，又一次教育行为失效了，这次“教育措施”不仅没达到应有的目的，相反，副作用明显。但义愤填膺的班主任依旧蒙在鼓里，妄图通过这种声讨的方式转变自己的学生。

问题学生的确让人头疼。但越是如此，越要讲求方式和技巧。教育绝不是一个简单和僵化的事情，可惜很多教师常常陷入一个误区，总渴望通过高压的方式获得学生的“臣服”，结果经常适得其反。后来我了解到，事情的起因非常简单：该生的数学作业没有完成，在老师询问时，又没有拿出应有的沉痛忏悔的姿态，自然一下子点燃了老师满腔的怒火，平时该生的种种劣迹一下子涌上心头，陈芝麻烂谷子一番数落和挖苦，矛盾由此升级……

在管理工作中，管理者最容易犯的毛病就是把被管理者推到对立面上，这是不明智的做法。试想：仅仅是一次作业没有完成，就闹到这样不可调和的地步，师生情感僵化，怒目相向，真的值得吗？没有更好的处理办法吗？

其实，任何一种状况发生之后都会有若干的处理方案，而最佳方案，往往只能在冷静的情况下诞生。遗憾的是，我们往往成了情绪的奴隶，在最不理智的时候做出决定，从而导致最糟糕的结果。或许这位班主任并不认为自己是在头脑发热的情况下处理问题的，因为在他眼里，这个孩子就是一块最难啃的骨头，遇到问题不给个下马威，就根本治理不了。殊不知，强制管理是管理，而人文关怀更是一种管理。如果从思想根源中就把学生摆在与自己对立的层面，时刻摆开一副你死我活的决战架势，那教育还如何生效？就如同这个男孩子，下马威倒是给了，但学生真的服气了吗？如果落个口服心却不服，是教育最大的尴尬！

大家都在喊师生关系的平等，可惜师生关系的平等，往往成了只落在纸面上的文字符号，教师口头上喊着“蹲下身子”跟学生谈话，喊着“自己也曾是学生”,但一回到实际问题,教师的“架子”和“面子”就放不下来了，更何况是那些屡教不改的“差生”呢？魏书生老师谈到过这样一个观点:“教育学生的时候，力争不要站在学生的对立面，让学生怎么样，不让学生怎么样，而要力争站在学生的心里，站在学生真善美那部分思想的角度，提出：我们需要怎样，我们怎样做能更好！”在这方面，他很有自己的一套做法。譬如，学生迟到了，如何处理？部分教师只是轻描淡写提醒学生下一次别迟到，这样的处理效果显然只是隔靴搔痒，也许还会助长学生的不良习惯；有的却是大发雷霆，威胁学生“下一次再这样，你就在教室门口站岗”，但只是雷声大雨点小，也不能收到很好的效果。魏书生老师是怎么做的呢？他会说：“来，唱一首歌。”这就是他的一个班规：犯了一些小错误要当众唱一首歌。这是一种很有创造性的教育方式，既不会显得过于强硬，又能恰当地提醒学生所犯的错误。在一定的程度上，还能密切师生、同学之间的关系，调节班级气氛。当学生站在讲台上，在自己的歌声中，在同学善意目光的注视下，就会自觉地掸去心灵上的灰尘，提醒自己不要再犯错误了。这与我们很多老师动不动就把“战争”扩大化，就把学生当作不可饶恕的敌人，把他们的错误理解为不可救药从而狠狠批斗的做法比起来，显然睿智了许多。

因此，解决问题的关键在于顺乎人的心理。这就如同“庖丁解牛”一样，找准筋骨缝隙，下起刀来才游刃有余，相反，不找破绽，只求一时痛快，手起刀落，恐怕矛盾没有解开，却落得铩羽而归的“卷刃”之结局。因此，教师必须站在孩子的立场上思考问题，即使孩子的行为出现了偏差，也不要轻易采取极端的方式，把孩子当成敌人，要么打击，要么“消灭”，那我们在教育中就偏离了轨道，恐怕逆反、软硬不吃的孩子会越来越多。

如果这个老师当时问一问：忘了没关系，这些作业能做吗？如果能做，马上补上；如果不能做，老师给你讲讲。恐怕结局就另当别论了！

老师，请不要“声嘶力竭”

在学校，常会撞见一些令人不爽的场景：我们的老师满腔怒气，火冒三丈、声嘶力竭，甚至歇斯底里地痛斥学生，而学生，通常是脑袋耷拉着，根本看不见表情，也不知是在忏悔、窃笑还是在酝酿着“反击”……

这是教育应该有的状态吗？

古人云，“润物细无声”，说的是春风化雨，滋养万物，恰可作为教育状态的写真：教育是心灵对接的工作，是心与心的对话，而最能打动人心的，不是疾风暴雨的荡涤，疾风暴雨往往让娇嫩的草木折枝断叶，伤痕累累；而轻风细雨，则在点点滴滴之间，浸了枝，润了叶，养了根。教育应该是平和的、静谧的，闪现着柔美的光泽。

或许有人说，这是典型的理想主义者，理想主义者通常是要碰壁的。没错，现实的确是复杂的，但我们不能以此作为失却教育理想的借口。放眼那些教育名家，如叶圣陶、于漪、魏书生、李镇西等，他们面对的学生难道是十全十美的吗？他们难道不会经历学生打架、早恋、上课不认真听讲、作业丢三落四的问题？我们何尝见到他们暴戾、狂躁的时刻？相反，他们浑身散发着宽容、信任的气息，他们从容、平和地面对各种困难和挫折，这本身就构成了一种巨大的力量，直抵学生的内心，从而使他们成为学生真正的心灵知己，成为能够掌控和驾驭学生灵魂的大师。反观我们自己，往往不是想方设法把学生拉到自己身边，而是以痛斥、控诉、咒骂的方式将学生拒于千里之外，兢兢业业、一心一意地在学生和自己之间掘出一道不可逾越的鸿沟，老死不相往来。此乃愚蠢的做法！如此，奢望教育生效，自是白日做梦！

有的老师也许会说：你说得不对，这些学生调皮捣蛋，不采取点强硬措施是行不通的，声嘶力竭怎么了？我的音调一高，学生乖乖听话了！果真如此吗？不然。老师声嘶力竭、暴跳如雷，或许低年级学生会觉得可怕，但高年级学生有了自己独立的思想意识，他们不仅不会觉得可怕，相反会觉得可笑。他们知道，这是老师无能的表现，会打心眼里看不起这样的老师。老师应该是文明行为的榜样，是文雅人格的典范，是学生模仿的偶像。声嘶力竭、暴跳如雷自然有失教师的尊严，更不要提有什么神奇的效果了。

有一个老师在自己的博客里写过这样一个案例：

中国儿童艺术剧院的一个剧组随着我们班去公园和孩子们一起做军事游戏，体验做学生和教师的感觉，集合时，演教师的演员大嚷：“集合啦！”导演却看到我声音不大地对一个学生说：“集合吧！”学生大声喊：“集合啦！”我同时一声不响地伸出四个手指头，学生立刻按四个小队排好队；如果我伸出两个手指头，学生就会分男女生各站一队。他们到我们班听课，上课铃响后，我往教室门口一站，一声不吭地看着孩子们，教室里立刻安静下来。导演告诉演员：“我发现老师是以静制动。”而没有经验的教师在这时如果发现还有孩子在说话，就会比孩子们的声音还大地嚷："别说话啦！"有威信的老师说话即便声音不大，也会是很有威慑力的。

像这个老师一样，没有声嘶力竭，却抓住了学生的心，效果不是更好吗？

这样一说，是不是老师就得学会伪装，学会掩饰自己的真性情，就得夹起尾巴做人了？否！一个虚假的人不可能赢得他人的信任。不声嘶力竭，不在学生面前暴露自己的粗鄙、浅薄的一面，并不代表着老师不能真情流露。初中时我的班主任崔雅庆老师，祥和，宽容，平易近人，从来不着急、不上火。但有一年冬天，两个同学打架，结果影响到崔老师去总务处领冬季取暖的炉具，于是，最破的、几乎不能用的一套炉具留给了我们班，使我们的一个冬天面临困境。结果，崔老师发了两年来我们见到的唯一的一次火儿。全班同学在他的大发雷霆面前心服口服。为什么？因为大家知道，崔老师深深爱着这个班级，爱着我们每一个学生。

唯有真爱，才可以随心所欲啊！

谨慎对待学生逆反

我们眼中的问题学生往往有较强的逆反心理。他们似乎是成心与老师作对，你要他往东他偏往西，你让他打狗他偏抓鸡，你让他站起来他偏坐着不动，一旦在课堂上顶起牛来，常弄得教师左右为难。在课堂以外，他们也是绕着老师走，喜欢给老师“出难题”，搞得教师十分头疼，觉得难以对付：又不准体罚，又不准停课，搞不好还要弄出寻死觅活、离家出走之类的事情。这可怎么办？的确，在普及九年制义务教育的过程中，这类“双差生”，已经成为中小学教育的难题，成为许多中小学教师心中“解不开的疙瘩”。

其实，除了问题学生会出现逆反现象以外，相当多的中小学生都会有一时性的或短周期的逆反表现，都会有针对特定对象或特定环境的逆反。一旦处理不当，就会促成教育失效或师生关系恶化。

学生为什么会逆反？除了少数有某种心理缺陷或受家庭负面影响的问题学生可以另当别论以外，学生的逆反大多是一种基于自我保护的发泄，是一时性的情绪冲动，往往是没有计划、没有准备的，带有极大的偶然性。也就是说，当一位平时表现一般或良好的学生，由于受到了意外的批评，遭到了不公平的、不符合事实（至少是他本人认为不公平、不符合事实）的指责时，他们有时会本能地顶撞教师，会突然变得焦躁，变得固执或不听劝阻。这些，不过是他们心理失衡、恼怒而又不敢或不愿直接针对刺激去发泄，缺乏计划与准备的情绪性反应，所以通常表现为不理智、不计后果，表现得行为夸张、反应过激。部分教师面临突如其来的学生逆反，往往由于心理准备不足，处理方式欠妥，而使简单的问题复杂化，造成教育的失效。

学生的逆反表现，表面上是针对教师个人，实际上是针对教师身份的。是对教师职业给其带来的压力或伤害的一种抗拒。对这一点，教师要有清醒的认识。即使学生的表现可能是针对你这个人的，但教师却应该学会把自己与教师区别开来，避免教师个人与学生个人的对抗。因为，只有区别个人态度与教师角色行为，引用学校要求或规定作依据、作陪衬，才能分散学生注意、转移学生的不满，以弱化学生过激的反应。许多师生之间怨结的冲突，往往是从课堂意外肇事开始的，其中的关键多是由于教师不够冷静，不善于分解与转化。在突发事件出现的时候，特别是事实尚未弄清时，教师切记不要冲动，不要说出不理智的话，诸如“所有人都不许上课”“我再也不教你们了”“不愿意学就滚回家”“愿意去哪班就去哪班，反正别在这班里混日子了”之类，这类的愤怒表现，最终导致的往往是教师自己下不来台。试想，不管事情的原因如何，你能够真正做到不再给学生上课，或者停所有学生的课吗？恐怕，这不是某个教师能够决定的行为了。其实，没有任何一个学生真正愿意与教师对着干，之所以出现这种情况，必然是自认为受了委屈。教师应该站位更高一些，在了解学生心理的基础上对症下药，切忌火上浇油，使学生的逆反升级。

学生的逆反表现，大都是非理性行为。问题解决，不能只靠说理。在大多数情况下，只要教师能够冷静处理，能给学生时间，在尽早判断出矛盾冲突的导火索并尽力消解的情况下，大多会由学生自行解决。在冲突过后，许多学生会后悔、懊丧，期望有转化的机会。这时，教师就应该得理饶人，淡然处之，做出宽容大度、毫不在意的表示，尽量消解萌发的矛盾。这样不但不会有损教师的尊严，反倒会提升教师在学生心目中的威信。相反，揪住学生的小辫子不放，非要在某些问题上较劲，只能使教师的形象受损。

逆反心理，是引发或加剧学生学习困难的重要因素。因此，科学认识、巧妙化解学生的逆反心理，是帮助学生克服学习障碍的重要方法。青春期的学生，正处于心理由不成熟向成熟的过渡期，情绪变幻无常，属于正常的现象，作为优秀的教师，必须深深了解这一点。

别一味培养“乖孩子”

龟兔赛跑的故事广为流传。用心良苦的家长们对着活蹦乱跳的孩子讲述了一遍又一遍。这则寓言故事的寓意可谓尽人皆知了。乌龟的形象也在这里得到了彻底的发扬光大。

但是，总会有好奇的孩子问：兔子怎么会输呢？就是输了，就没有第二次比赛了吗？满脸的疑惑。

深刻分析起来，龟兔赛跑不正是我们传统教育文化的一个折射吗？人们对龟兔截然不同的态度，显然是受中庸思想的局限。循规蹈矩、亦步亦趋被推崇为美德。你看乌龟自始至终，乖巧听话、目不斜视地爬呀爬——多符合师长们心目中好学生的标准啊！特别是这种勤奋刻苦、一丝不苟的精神实在是难能可贵、千金难买！哪像小兔子，自作聪明，自以为是，东张西望，不老老实实，居然在比赛中还敢打瞌睡，是可忍孰不可忍啊！

所以呢，即使你才华出众，但你调皮捣蛋，只好挨批受辱了。谁让你不遵循规矩呢？就是你有再大的本事，就冲这一条，对不起，你也得被打入“差生”的行列。可现代教育研究表明，天才的显著特征之一就是调皮好动、我行我素，经常有出乎常规的言行。冰心老人指出，女孩子好动是灵巧，男孩子好动是聪明。可我们的教育却无法容忍学生的好动与偶尔的出格。完全拘泥于我们划定的圈子，才是真正的好学生。擅越雷池者必遭口诛笔伐，看看，乌龟名震天下而兔子则臭名远扬，就是再自然不过的结果了。

在这种思想的影响下，学生没有了灵性，没有了创造，在课堂上，只唯师，只唯书，不敢有独立见解，不敢有针锋相对的辩驳，"所有的脑袋长在教师一个脖子上"，只会安逸地承接着教师的"阳光雨露"。

在这种思想的影响下，学生被培养成乖乖宝，只会顺从、服从，甚至盲从，不能独立，毫无主见。这种教育的结果只能培养两种人：一种就是对的话也听，不对的话也听，好的话也听，坏的话也听，人云亦云，没有独立人格；另一种是有人在时听话，没人在时就不听话，说的是一套，想的是另一套，两面三刀，阳奉阴违，成为"双面人"。

在这种思想的影响下，学生毫无个性可言，一刀切、一锅煮，培养出来的都是整齐划一、石雕泥塑的人才，仿佛流水线上出来的产品，规格、性能、外形毫无两样。因材施教完全成为一句空话。

在这种思想的影响下，师生关系无法实现平等、和谐，教师永远高高在上，可以随便不把学生当人，无视学生的主体地位，更无视学生的尊严、思想、情感，而把学生当作没有生命的物。李镇西先生曾这样论述："学生是机器——装道德的机器，装知识的机器。这种教育下培养的学生，多是温良恭俭让的'谦谦君子'，而少有善于独立思考勇于创新的开拓者。在这样的教育背景下，教师眼中的学生是学习机器，是考试机器，是成绩分数单，是录取通知书——唯独不是'人'！"

龟兔赛跑的故事终于从语文教科书中淡出了，但愿我们的教师也能明白，我们的教育绝对不是一味地培养听话的乖孩子。

师生要亲密有间

年轻教师参加工作往往都经历过一个痛苦的过程。心怀教育的梦想，崇尚民主和谐，渴望管理好班级、管理好学生。但时间一长，却发现陷入了难题：教师与学生打成一片，特别随和，没有一点架子，学生可以随便摸摸他（她）的头，拍拍他（她）的肩，甚至与之称兄道弟，结果班级秩序混乱，教师的控制力减弱，教育效果大幅度下滑……

难道是健康和谐的师生关系的理想出了问题？于是，很多教师开始反其道行之，再没有了微笑，再没有了宽容，整天板着脸，一脸严肃，冷若冰霜。

其实，这里涉及一个教师与学生的距离问题。有人提出，教师应与学生亲密无间，要零距离接触。乍看似乎有道理，但仔细想想，又有了问题。这些提法的出发点是好的，但却是违背教育规律的，在实践中根本行不通。师生之间的零距离接触必然将师生引进人际交往的怪圈，最终会导致教师威信丧失，出现学生与教师毫无界限的现象，学生仿佛“二皮脸”，对教师不尊重、太随意，致使教育的效果变得低下。

教师就是教师，他的职责就是传道、授业、解惑，学生就是学生，他的任务就是学会学习、学会生活、学会做人、提高智力、发展能力。身份的差别注定了二者之间不可能完全成为零距离。

距离产生美是美学的一个著名命题，心理学研究也表明，人与人总是处在一定的时空距离的位置关系上，这种时空距离关系在特定的环境中传递着不同的心理感受。人们在友好时接近，在对立和关系疏远时保持一段距离，这样，彼此之间才会有好的印象，才能产生美感。长相厮守、亲密无间反倒经常引发摩擦和矛盾，甚至厌恶、仇恨。夫妻关系如此，同志关系如此，师生关系同样如此。因此，师生交往不能忽略一个度，建立亲密和谐的师生关系的确非常重要，但必须记住，亲密并非无间，美好需要距离。

在学生心目中，教师必须有威信，没有威信的老师是不可能获得教育成功的。师生亲密过度或关系过疏，都会有损教师威信的形成，甚至导致教师威信丧失。师生之间建立民主、平等、合作的关系固然重要，这可以增加学生对教师的信任感，从而在教师的正确引导下学习、生活，越发愉悦、轻松。但有意识地与学生保持适度的距离，更有利于满足师生各自的心理安全需要，更有利于维护教师的魅力和尊严。俄国文学家赫尔岑说：“人们在一起生活太密切，彼此间太亲近，看得太仔细、太露骨，就会不知不觉地、一瓣一瓣地摘掉那些用诗意簇拥着个性所组成的花环上所有的花朵。”因此，教师要用心去无私地爱学生，但并不等于教师把自己百分之百透明地暴露给学生，学生信任教师、尊敬教师，而又摸不透教师，在他们的心目中，教师神圣、伟大而又神秘，岂不是更好？

当然，保持适当的距离，绝不是设置心灵上的屏障或戒备防线，而是教育教学调控的需要。师生亲密相处，无可厚非，但必须有度，既不能离学生太远，太远了难以取得心灵沟通；又不能离学生太近，太近了又会产生角色混淆。要做到：亲密随和但不失原则，可亲可敬又要可畏，切不可与学生零距离打成一片。一旦师生之间的神秘感没有了，教师的威信就会随之消失。其直接的结果就是，教师说话学生可以随意不听，教师的管理学生可以随意不服从，教育教学调控也就会失去威力，只能导致教育教学的失败。

师生之间亲密有间，并不是提倡人为地在师生之间划定一道鸿沟，使学生“望沟兴叹”。教师要从教育者的角度因人、因事、因时进行策略上的调整，必要时，可进行角色转变，在保持威信、尊严的前提下，努力营造和谐、宽松的师生关系。

冷静面对冲突

在教育教学过程中，难免发生学生顶撞老师的现象。老师如果处理不当，可能会导致严重的后果。这种冲突的形成，无外乎几种情况：一是学生吃软不吃硬，这样的学生也被称作“顺毛驴”，这类学生做错了事，教师要是声色俱厉地训斥，不讲方式当众批评，就会造成其逆反心理，跟老师对着干；二是单亲家庭子女，在家缺少父母的关心和爱护，在学校对教师的严格要求感到受不了，有时也会爆发为顶撞教师；三是学生认为教师处理事情有失公允，是老师故意和自己找碴，从而失了面子、伤了自尊，因此往往极为恼火，激起对教师的反感、抵触和不满等。

冲突的产生，与教师的师德、个人的修养及工作方法都有着直接的联系。对于那些吃软不吃硬的学生，教师应先退一步，进行冷处理。事情过后应坐下来心平气和地进行说服教育，切忌采取简单粗暴地批评的做法；有的老师误认为，对那些不服软的学生一定要端起教师架子，也就是说给他们点颜色看看。其实，当学生与教师发生冲突时，只要教师遇事冷静，及时地控制住自己的情绪，注意表现出大将风度，表现出一名教师应有的修养，那么顶撞这种现象是可以消除的。这样处理也表现了教师的高风亮节，同时在学生心目中也会更有分量。有个学生在谈到与老师顶撞的心情时说：“我知道自己错了，可看到老师板着脸，一副训人的架势，我就烦了。因此，就下决心与老师对着干。如果老师是一种心平气和的态度，我就没有勇气顶下去了。”这就告诉我们教师要是遇到这类学生的话，就应该做耐心细致的工作，想方设法找到他们的闪光点，创造条件使之扬长并获得成功。这也需要教师、家长因势利导，引导他们能体验到成功的欢乐，使他们确实感到老师是在真正地为他们做事，是真正在关心他们、爱护他们、保护他们、尊重他们，而不是只落在嘴头的虚假关心。同时，这样做也显示了教师的品质、情操和道德风尚。

教师动不动就发怒、指责、训斥、批评，甚至体罚，不仅使学生感到自尊心受到伤害，也有损于教师的自我形象。比如由于冲动，事情的原委尚未真正搞清楚就急于在班上当众训斥或点名，这很容易使学生与老师产生对立情绪，有时急风暴雨式的发怒、训斥，不但表现出老师的无能，而且也会有意无意地损伤学生人格，在学生心目中降低老师的威信；对于个别性格内向，感情脆弱的学生来说，打击会更大，甚至会导致难以想象的后果。对于那些厌学的学生来说，除了家庭的问题外，还有因为学习基础差，学习成绩跟不上而造成的。所以教师对这类学生要更加关心爱护，因材施教，对他们把标准放低一些，要求放宽一些。要根据学生的实际能力掌握与其相适应的教学方法，千方百计地培养这类学生的学习兴趣，使他们也能感到成功的欢乐。教师更需要做的是出主意、想办法，而不是一味地指责或讲空而无味的大道理。

因此，教师在教育学生的过程中，关键是要有耐心，要切实体谅、爱护、尊重学生。不能伤害学生的自尊心和人格，不能使学生误认为自己受到了不公正的待遇。要公正平等地对待学生，要用发展的眼光看待学生、对待学生。这样不但便于我们教师的教书育人的工作，而且也会更有利于学生身心健康发展。

总之，当我们遇到了和学生的冲突，请切记两个字：冷静！

允许学生犯错误

我们都听说过陶行知先生的“四块糖”的故事：

有一天，陶行知校长在校园内看到一男生用砖块砸另一男生，当即制止了他，并要他放学到校长室去。放学后，当陶行知走到办公室时，该生已早早来到校长室低头等着挨训。陶校长走来，一面先给了他一块糖，一面说：“这块糖是奖给你的，因你按时到，我却迟到了。”该生惊疑地接过糖。接着，陶校长又掏出一块糖放到他手里说：“这第二块糖也是奖你的，因我不让你再打人时，你立刻住手了，这说明你尊重我，应该奖你。”学生更惊疑了，他睁大眼睛看着校长。陶校长又掏出第三块糖放在他手里说：“我调查过了，你砸他是因为他欺负女生，说明你正直、善良、敢跟坏人作斗争，应该奖励你啊！”这名男生听到这里感动极了，流着泪说道：“校长，你打我两下吧，我错了，我砸的不是坏人，是我的同学啊。”陶校长满意地笑了，他随即又掏出第四块糖递过去说：“为你能正确认识错误，我再奖你一块糖，我的糖奖完了，我看我们的谈话也该结束了。”

多么感人的一幕，学生打人了，陶先生没有训斥，却发掘了学生的四个优点：守时、尊重人、正义和勇于认错，用四块糖让学生一步步地完成对自己错误的认识过程，不得不让人感叹陶校长高超的批评艺术。

假设是我们遇到了这件事，我们会怎么做呢？恐怕很多老师就会抓住学生的小辫子，死活不肯放手，动辄端上一番大道理，苦口婆心，要让学生心服口服，甚者则严厉训斥，恶语相向，乃至拳脚相加，以皮肉之苦教育之。更严重的是，这次错误将作为污点永远被记录在案，即使学生已经承认错误并改正，但只要下次出现问题，这些陈芝麻烂谷子将被再次翻腾出来，作为教训学生、压制学生的把柄。

殊不知，正因如此，我们很多年轻的老师开始慢慢远离学生的内心世界，使自己的管理渐渐走入死胡同。

其实，每个人都会犯错误，尤其是学生。他们在成长过程中，犯了错误是正常的，教师不用大惊小怪，应该正确对待。我们应该树立一个观点：犯错误的学生不一定是坏学生，不犯错误的学生不一定都是好学生。学生在实践探索中有一些失误也不足为奇，事实上，不犯错误的学生是根本不存在的。关键看我们用什么态度来对待，用什么方式来帮助他们。

首先，教师应该允许学生犯错误。这种观点并不是提倡学生犯错误。作为教师允许学生犯错误，就是要鼓励学生去大胆地实践，大胆地探索，敢于发表自己的见解，在这个过程中不怕学生犯错误。学生出现失误时，教师应及时给予帮助。否则，学生会因为犯错误以后害怕老师批评而不敢按照自己的想法继续去想、去做，学生的思维就会受限制，学生的行为就会受约束，学生的创新精神就会受压抑。

其次，教师要学会用发展的眼光看学生。这样就会认为，学生在成长过程中，即使犯一点错误也是正常的。学生改正错误的过程本身就是学习的过程、成长的过程。相反，教师如果用静止的眼光看待学生，就容易把学生禁锢起来，怕学生犯错误，甚至犯一点错误也不行。那样，学生只好老老实实、规规矩矩，按照老师的要求一丝不苟地去执行。这样培养出来的学生就会失去个性，这样的教育只能培养出千人一面的学生。这在年轻教师的工作中，是很容易出现的一个问题。

最后，教师要善于利用学生的错误。作为教师，不但要将学生犯的错误看成学生成长过程中的正常现象，还要将错误作为一种促进学生情感发展、智力发展的教育资源，正确地、巧妙地利用。陶行知先生在《教育者的机会与责任》一文中指出：

人为物质环境中的人，好教育必定可以给学生以能力，使他成为物质环境中的主宰，去号召环境。如玻璃窗，我们要想拒绝风，欢迎日光，所以就造一个玻璃窗去施行我们拒风迎光的使命，教讨厌的风出去。可爱的日光进来，又如我们喜欢日光和风，但是想拒绝蚊蝇，所以又造了一种纱去行我们的使命。这种使命，并非空谈，因为我们有能力使这些自然的环境听我们高度，帮学校应给学生适应环境的能力，去作环境的主宰。

有了风，我们会发明玻璃窗，有了蚊蝇的入侵才去制造了纱窗，有了错误，在纠错的过程中才会发现真理，并有所创新。通过对学生所犯错误的肯定，让他们把自己的内心世界呈现出来，然后再告诉他们如何是对，如何是错，找到问题的症结所在，就能促使学生不断成长。

青年教师在工作中，容易走入一个误区：班级管理也好，课堂教学也好，似乎不愿意让人看到学生出错误，担心这样会降低别人对自己的评价。因此，想方设法掩盖错误，或者错误出现了假装看不到，这样往往就错失了最好的教育机会。应该紧紧抓住错误不放，甚至有意识地“放大”错误，这样才能充分发挥错误这个教育资源的最大价值。

另外，青年教师要特别注意自己的教育语言。切记不要用过于苛责的语言来讽刺挖苦学生。心理学家讲，学生在成长中需要 50000 次的鼓励和赏识，才能成为一个有自信的人。教师要相信学生的发展潜力和发展前途，坚信学生是积极向上的，是追求进步和完善的，是可以获得成功的；要以接纳、赏识、赞美、激励的眼光看待每一个学生。针对学生出现的错误，在与学生互动中，应将指责的教育语言改成鼓励赞赏的语言，可以针对具体的行为进行赞赏，发自内心地鼓励赞赏，也可以从不同方面和不同角度进行赞赏。学生一旦自信心提高了，认为自己有很多优点了，那么错误问题也就迎刃而解了。

西方一位教育家说过：“学校是允许学生犯错误的地方。”一名教师在漫长的教学生涯中，和学生发生冲突的事时有发生，特别是遇到脾气犟又犯了错误的学生时，更需要老师摆出一种宽容、理智的高姿态。如果处理不当，就会骑虎难下，此时若不能冷静，不能遏制怒气，事情就会往不好的方向发展，甚至导致教师威风扫地，挑战了教师权威，损害到教师威信。这是很多青年老师容易遭遇的尴尬，要特别谨记。

宽容能创造奇迹

原谅别人的过错是一种美德，也是一个优秀教师必须具备的心理品质。作为一名教师，应该凭借自己的宽容，走近学生，走进学生的内心，变成学生心目中可亲可近可以推心置腹的人，这样才能顺利达到教育学生的目的。

没有宽容会怎样呢？缺少宽容态度的教师，总会拿着放大镜去寻找学生的缺点，总是看不到学生的成绩和进步，即使意识到了学生的成绩和进步，马上就会要求学生要虚心不要骄傲，甚至会找出一大堆的问题。一旦有“把柄”落在手中，则会揪住不放……

难道教师对待学生的缺点和错误，真的该疾恶如仇、穷追猛打，不到“体无完肤”誓不罢休吗？其实，人都难免会有缺点和错误，一个人一辈子不犯错误是不可能的，更何况是未成年的学生呢？人就是在无数次的错误中积累经验不断成长的，这就是所谓的“失败是成功之母”。所以，学生犯了错误没必要总是上纲上线，危言耸听。当然，严格而不严厉，宽容而不纵容，全凭教师根据学生的实际来把握教育艺术的“度”。

我们提倡尊重学生的人格是教育的前提。尊重学生的独立人格不仅包括他的优点和长处，也包括他的缺点和短处。有些教师因为恨铁不成钢，缺乏宽容的气度，没有认识到学生的人格价值和品质，就难以和“差生”沟通，从而无法取得较好的教育效果。苏霍姆林斯基说过:“赞扬差生极其微小的进步,比嘲笑其显著的劣迹更文明。”事实上，只要对“差生”多一些宽容和赏识，多用发展的眼光看待他们，帮助其分析症因，提出应对策略，就能使他们的潜力得到开发，而这种潜力一旦被挖掘出来,迸发出来的力量是惊人的,甚至一点不比“优生”差。我们常说,“严师出高徒”。这里的严并不排斥教师对学生的宽容和理解，严师应该是严格而不严厉。

我们还要充分认识学生某一时期的成长特征，让青少年保持该年龄段的天性。老舍先生主张维护儿童天真活泼的天性，不可强求，更不可处处约束。教师对学生的评价要有宽容的态度，不是处处以纪律和规章制度约束他们，而是用理解和宽容来认可学生的少年天性，再引导和培养发展他们的个性。在对待学生的问题上，“大禹治水”或许能给我们以启迪：一味地堵是不能奏效的，只有找到合理的疏导方案，让洪水按照我们的指挥流进大海，才是最有效的方法。

当然，教师对学生的宽容也绝不是等同于教师对学生缺点或错误的一味纵容，对学生的宽容并不是教师对待学生的软弱无能，而是对学生的一种理解，是对学生能够克服困难、改正错误、提高学业成绩的信任。

教师的宽容不仅仅是针对学生，还涉及对待教师同伴，对待学校领导，对待学生家长。有一句格言“退一步海阔天空”，在处理很多问题时，这应该是我们的一个行动策略。

宽容的教师，往往是自信的教师，是具有亲和力的教师。有人说宽容是对人类的爱和信心，是睿智，是勇敢，是漫漫冬夜里飘然而至的春风。就让我们的教育生涯中春风荡漾吧，或许这样，才能享受到春天的温暖与灿烂。

把学生的心留在学校

客观地说，学生来到学校学习并不完全是自觉自愿的。这是社会发展的需要，是国家建设的需要，是带有法律基础上的强迫性的。学校教育要在强制性的基础上有点吸引力，把学生的心吸引在学校，而不是迫于压力、被逼无奈才留在学校，造成“身在曹营心在汉”，人在心不在。

反思一下，我们的学校教育，我们的教师给学生提供了哪些留在学校的理由呢？

我发现，我们的许多做法，在给学生提供远离学校、远离读书的理由。比如，从一入学，就让沉重的书包将学生瘦小的身躯压弯，让没完没了、毫无创意的作业完全挤占了游戏和玩耍的时间；比如，把学生当作“笨蛋”，毫不吝啬地将批评、斥责甚至体罚倾泻给学生，让他们在“挫折教育”中艰难地前行；比如，把学生当作毫无个性的人，不允许“越雷池半步”，不允许有自己的思想和意见，要做彻底的乖孩子……诸如此类的做法，都让学生逐渐厌学，把学习当成人生的最大痛苦。

要把学生的心留在学校，就必须为学生提供留下来的理由。

或许是一位出色的老师吸引着学生。学生遇到出色的教师是人生的一种幸运。这个教师应该具有特别的魅力、渊博的知识、优雅的风度、饱满的热情、积极的态度、科学的方法，等等。他（她）就像黑夜中的一盏明灯，指引着学生成长的道路。“亲其师，信其道”，因为喜欢自己的老师，而愿意留在学校。

或许是丰富多彩的知识宝藏吸引着学生。要尽可能地让你教授的知识自身充满魅力。要立足于发现你的学科所具备的自然的美，并以合理的方式将这种美传递给学生。在神秘浩瀚的自然科学领域，在深邃且极富逻辑性的数学领域，在神采飞扬、浩如烟海的历史文化领域，学生都能领略到无穷的探索乐趣，自然会爱上学习。要改变我们的授课方式，尽量追求形式多样，尽量地符合学生的需要。

或许是团结向上的集体生活吸引着学生。班集体是学生共同学习、生活的地方，它具有巨大的教育力量。建设团结向上、富有活力的班集体，也是吸引学生的重要方式。在那些优秀的集体中，学生相互支持、相互鼓励、相互帮助，总是有着宝贵的乐趣。反之，在那些没有形成集体观念的集体中，每个个体都缺乏上进的动力，形如散沙，厌学、辍学便不可避免了。

或许是教育的创新吸引着学生。不要以为教育的改革只是学校的事情、老师的事情，它始终与学生的情感状态相关联。一成不变的东西令人生厌，我们的课堂，我们的教学内容、教学方式都应该不断地有所创新，从而使教育活动本身充满吸引力，紧紧抓住学生的心。

不妨在学生中做个测试，让学生尝试着找一下自己到学校来的理由。或许我们能够从中找到调整的方向，让我们的教育行为更有针对性，更加深入学生的内心。

请忽略学生的家庭背景

在我工作过的学校，曾经发生过这样一件事，让我刻骨铭心。

新学期学生报到，一名女教师在完成学校要求的报到事项之后，自己别出心裁地做了一项工作：为每个学生建立档案。其中一份学生个人信息表内容极为详细，从孩子的个人情况到家庭情况，细枝末节都掌握得清清楚楚。当时我看到后感触很深，以为她是为了便于了解孩子，因材施教，于是在后来的教师大会上表扬了这位老师。但会后跟另一位老师闲聊的时候，她透露的一个信息却让我大吃一惊。原来，那位老师如此详细地了解学生情况是别有用心的：她要了解每一个孩子的家庭背景，以便迅速掌握哪些家长是她将来可以利用的资源，从而在对待这些孩子的时候“高看一眼”……

天啊，这个说法让我后背直发凉。这些孩子刚刚走进校门，老师甚至还不能叫对每个孩子的名字，就已经在花名册上被老师分成三六九等了。这是一件多么可怕的事情！难道市长的儿子、局长的女儿、交警支队大队长的侄子侄女，就需要特殊的照顾，需要贴心贴肺的教育和关照，而无权无势的农民的孩子，或者风里来雨里去才能找口饭吃的下岗职工的孩子，就该因为家长“不中用”而被冷眼相待吗？这样的“因材施教”，万万要不得啊！

在惶恐的同时，我无比愤怒！

教育最常见的不公平往往来自学生成绩的差异。成绩好和成绩差的学生其待遇往往是冰火两重天。成绩好的，往往又乖巧，又让老师省心，还能给老师带来各种荣誉和面子，自然被老师高看一眼；成绩差的，让老师费心费力不说，还免不了总给老师惹来各种各样的麻烦，自然被老师厌恶。老师毕竟不是神，只要其行为不过激，不给孩子带来直接的伤害，从内心深处出现这样的好恶，倒也还勉强说得过去。

而像案例中的这位老师，则将这种不公平上升到一个新的境界，以实用主义思想为每个孩子贴上不同的标签，暴露出这位老师人品的低俗。因为家庭背景不同而受到老师不同的对待，对孩子们是严重的不公平。教师的这种做法显然已经触及师德的红线。

学校工作中出现的教师和学生之间、教师和家长之间的矛盾，相当一部分源于教师在处理问题过程中的不公平、不公正。教师根据自己的需要，要么随意放宽，要么斤斤计较，在这样的情况下，教育何以生效？我们可以想象，这样一位下大力气研究学生背景及可用资源的老师，怎么能奢望她在实际工作中做到一碗水端平？

我们常说的对学生一视同仁，绝不是指上一样的课、看一样的课本、做一样的练习、考一样的试、排一样的名次，而是要做到不论是贫困生还是家境富裕的学生，不论是“学困生”还是成绩优异的尖子生，不论是班干部还是普通学生，都要以生为本，用平等的关注、无私的师爱去滋润他们幼小的心灵，使所有的学生真正“亲其师，信其道”。

倘若像这个“心细如丝”的老师一样，不以生为本，而是以物、名、利、权为本，目中无人、无生，一视同仁也就成了一个空洞的口号。

亲爱的老师们，请忽略学生的家庭背景吧！孩子是上帝送给这个世界的礼物，每个孩子都应该得到尊重和爱。对教师而言，做到这一点，责无旁贷！

第三辑

教学是一门艺术

以“爱”作为教学的支点

听老师们谈起自己的工作经验,绝大多数人都会讲到一个“爱”字。没错，爱是教育的前提，没有爱，任何教育行为都会变得冷漠、呆板、强硬；没有爱，就谈不上情感的陶冶、意志的训练，也就谈不上教学的目标怎样得以实现。

但是，我也经常听到老师们抱怨的话语：“我这么爱这些孩子，为了他们起早贪黑，累死累活，可为什么就换不来他们的理解呢？真是一群没心没肺的东西！”

大凡遇到这种情况，我总要提醒：如果你确定自己付出的爱没有换来应有的结果，那真该重新审视一下你的爱是不是真正意义上的爱。

观察老师的爱，出现偏差的往往有三种情况：

第一种是同情。当某个孩子或因家庭原因、或因身体原因面临困难时，教师往往抱着同情心去关爱他们，看起来没有什么问题，但是，由于这些孩子所面临的特殊情况，他们的内心往往十分敏感，教师的同情往往会使学生丧失自信，让他们感到自己没有能力处理自己的事情。

第二种是保护。出于一种作为师者和长辈的心理，对部分学生关爱有加，处处替他们着想，事事为他们办好，俨然以父母的身份出现，以为这样就能得到学生的拥戴，其实，过分的保护会让学生觉得自己脱离了群体，从而倍感压抑。

第三种是恨铁不成钢。因为不满于学生屡屡让自己失望，于是打着“恨铁不成钢”的旗号做出一些过分的举动，如斥责、挖苦、疏远甚至打骂，以为这样是对学生真正的爱，其实，这样的做法会使学生看不到阳光，感受不到成功的喜悦。

这样的爱为什么得不到学生的认可？关键就在于老师的爱失去了“平等”这个前提。

后现代主义者小威廉姆·多尔认为教师是一个领导者，但仅仅是作为学习者团体中的一个平等成员，是“平等中的首席”，教师的作用没有被抛弃,而是要重新构建。平等的师生关系是使学生建立自信、自尊、自爱的前提，好孩子是夸出来的，只有得到教师的尊重，学生才有自己的尊严，才有自尊心。而这种尊重，最本质的内容就是爱与平等，任何依仗权威的压迫型教学都是失败的，它破坏了学生真挚的感情、真诚和自信，造成了学生驯服的性格。

苏霍姆林斯基曾有这样一个十分精彩的比喻：要像对待荷叶上的露珠一样，小心翼翼地保护学生幼小的心灵。晶莹透亮的露珠是美丽可爱的，却又是十分脆弱的，一不小心露珠滑落，就会破碎，不复存在。

教师是“造人”工程，不是工厂流水线，更不是程序化模板。教师要产生真的人格魅力，只有这样才能让学生敬畏和叹服。我们眼里的孩子应该是没有“优生”与“差生”的概念，从不要放弃对任何一个学生的帮助和关爱。曾听一个优秀教师讲过这么一句话：我没有理由挑选学生，孩子们无论是聪明伶俐的还是脑瓜不太开窍的，是品行好的还是沾染了这样那样毛病的，只要他坐在我的教室里，就是我的孩子，我就要对他的成长负责。像这样的爱，才是大爱、博爱，真正的爱。

请记住一句非常美丽的话：教育本身意味着，一棵树摇动另一棵树，一朵云推动另一朵云，一个灵魂呼唤另一个灵魂。

我们看这样一个案例：

师：同学们，想和老师比赛吗？请你任意报一个数，我们比谁先判断出这个数能否被3整除。我口算，允许你们用计算器计算。好吗？

……

师：其实老师知道一个秘密，这个秘密帮我赢了这场比赛。这个秘密就是——能被3整除的数的特征。那么什么样的数能被3整除？这就是我们今天要研究和学习的问题。相信通过大家努力，一定会揭开这个谜底。有信心吗？（板书课题）

……

师：请你大胆地猜想一下，能被3整除的数会有什么样的特征？并举个简单的例子。

……

师：刚才，我们通过研究得到了这个结论。虽然没有找到反例，但我们还要深入地思考，想一想，为什么一个数各个数位上的数字加起来能被3整除，这个数就能被3整除，依据在哪里？

（小组合作借助小棒探究，教师巡视指导）

师：谁能勇敢地把你们研究的成果向大家展示一下？

生 1：我们以 12 为例，12 里十位上的 1 表示 10 根小棒，个位上的 2 用 2 根小棒表示。十位上的 10 根小棒除以 3，也就是平均分成 3 份，每份 3 根还余 1 根，余下来的 1 根与个位上的 2 根合起来就是 3 根，能被 3 整除，所以整个数也能被 3 整除。12=10+2=3×3+1+2

生 2：我们以 19 为例，19=10+9=9+1+9，前面的 9 能被 3 整除，不用看，只要看 1+9 的和不能被 3 整除，所以这个数也不能被 3 整除。

师：请同学们课后选一个大一点的数来研究一下其中的科学依据。

……

小结：通过本节课的学习，你的收获是什么？

尽管教师的话语简洁明了，但却处处闪现着智慧的光芒，表现着教师那机智灵动的教学艺术。就这样，孩子们在教师的引导下思想迈向更深、想象走得更远。此时，老师的爱是博大、是精深、是深邃、是无穷的。孩子们被深深地浸润着、启迪着。

用兴趣作为教学的原动力

在一次教师培训会上，一位教师给我递上了一张条子，上面写道：王老师，作为一名语文老师，我现在非常苦恼。为什么我的学生们这样不喜欢语文课？为什么在课堂上他们总是睁着空洞的眼睛？为什么那么富有情趣的文章他们却觉得读起来味同嚼蜡？为什么他们把语文作业、把丰富多彩的语文活动也视作最大的烦心事？

虽然没有能够跟这个老师面对面地进行交流，但我能够想象到他的无奈。作为一个教师，如果自己所任教的学科不能得到学生的喜爱，那将是一件多么痛苦的事啊。

著名教育家顾泠沅说："在课堂教学范围里对教师最有意义的是学生学习动机的激发，也就是要使学习的内容让学生感兴趣，对有了兴趣的事学生就会认真地把它学好。"兴趣是最好的老师，有了兴趣学生就会产生强烈的求知欲望，明显地表现出对所学内容必须理解、必须掌握的心理倾向，因而就学得十分积极主动，也很有成效。

古今中外，凡有成就者无不对自己所从事的事业有着浓厚的兴趣，兴趣推动着他们孜孜不倦地追求而取得成功。

科学家丁肇中用 6 年时间读完了别人 10 年的课程，最后终于发现了“J粒子”，是第一位获得诺贝尔奖的华人。记者问他：“你如此刻苦读书，不觉得很苦很累吗？”他回答：“不，不，不，一点儿也不，没有任何人强迫我这样做，正相反，我觉得很快活。因为有兴趣，我急于要探索物质世界的奥秘，比如搞物理实验，因为有兴趣，我可以两天两夜，甚至三天三夜待在实验室里，守在仪器旁。我急切地希望发现我要探索的东西。”

其实，丁肇中所讲的这种现象在学生中也有很多的体现。有人说学生不喜欢学习是因为学习太累，可我们想想，很多孩子痴迷于网络游戏，在电脑前可以坐上一天一夜，甚至不吃不喝，难道不苦不累吗？可学生为什么还能坚持，乐此不疲？原因就是他们对网络游戏的兴趣爱好。同样，学生只有在学习过程中能够得到乐趣，他才有可能真正喜欢上学习。而兴趣的出现，固然有天生的因素所在，后天的培养也很重要。

所以，当我解答那个老师的问题时，我先提出了一个问题：“当学生对你所任教的学科没有丝毫兴趣的时候，你是不是曾经思考过，责任在谁？是不是自己要承担很大的责任？自己是否有必要调整教学的思路、调整教学的策略？”

这个问题同样应该引起我们每一个年轻教师的思考。

兴趣并不是天生的，要依赖于后天的培养。学生能否对你的学科产生兴趣，在很大程度上来自老师的引导。

作为教师，如果要让学生对你的学科产生兴趣，教师本身必须热爱和喜欢自己所教的学科。你是语文老师，就要痴迷于文学天地。你可能喜欢李白的豪放，喜欢李清照的婉约；读《少年中国说》，你能慷慨激昂，品《春江花月夜》，你会流连忘返。假如你作为一个语文老师，在引导学生阅读欣赏文本的时候,自己不能走进文本,不能被文本打动,你又何以打动学生?我们常见到老师要求学生朗读时要有感情,可当老师自己来范读时却枯燥乏味,这样的课堂如何能够激发学生的兴趣?

作为教师,如果要让学生对你的学科产生兴趣,你还要时时在教学中求变。众所周知,教学有法,但无定法。一种再好的教学方法,如果长期使用,也会失去新意,使学生丧失学习兴趣。课堂教学是教师、学生、教学内容、教学手段等多种因素构成的一个复杂的过程。因此,在课堂教学中,教师要尽量做到求新、求异、求变、求精。用现代化的教学手段改进教学方法,提高学生学习兴趣。同时,尽可能创设轻松、愉快、积极、健康的课堂气氛,这样才能给学生心理上的安全感,才能使学生无顾忌,敢想、敢说、敢为,敢于主动地探索活动……通过观察、讨论,唤起了学生探索的欲望,激发了学生质疑的兴趣,使学生带着问题进行探索未知的活动。

作为教师,如果要让学生对你的学科产生兴趣,还要注意多表扬,少批评。每个孩子都希望自己得到老师的关心与爱护。学习不好的孩子由于得到的肯定少,就需要老师去更多地发现他身上的优点和长处,并及时给予肯定和表扬。老师的任何埋怨与批评都会进一步伤害孩子,拉开彼此的距离。孩子在成长过程中,难免会做错些事情、犯些错误。孩子一犯错误,老师就一顿痛骂,不仅挫伤了孩子的积极性和创造力,也打击了孩子的自信心,久而久之,造成了孩子恐惧和害怕、退缩的心理,问题始终得不到解决。这时,孩子需要的是理解与引导,明白自己为什么会错,怎样做才不会错。据了解,绝大部分孩子在成长过程中都是想学得更好、做得更好的,缺少这方面意识的占极少数。而不少老师却总是用"认真点""多看看书""多学学"等类似摸不着边际的话来要求孩子，孩子听了也不知道该怎么做。倒不如明确告诉孩子你现在该做什么、可以怎么做比较好，孩子需要的时候不妨还可以举个例子，做个示范。

兴趣是教学的原动力，是使讨厌学习变为乐于学习的关键。激发和培养学生兴趣是每一个老师都应该研究的重要课题。对教学者而言，应该遵循一个教育规律：注意兴趣的作用，启发学习兴趣，只有当学生的兴趣已很成熟的时候，再教给学习方法，才会起到事半功倍的作用。

修炼课堂评价艺术

课堂评价作为一种教学手段，贯穿于整个教学过程，成为课堂教学的有机组成部分，它决定着课堂教学的走向，影响着课堂教学的效果。因此，必须引起足够重视。

课程标准明确指出："在评价时要尊重学生的个体差异，促进每个学生的健康发展。"在这种理念的支配下，我们看到，当前不少课堂，特别是在观摩课中，教师评价学生时表扬声一浪高过一浪，"说得太好了，大家为他鼓掌""嗨、嗨、嗨，你真棒"，似乎给予学生的表扬越多，就越能体现新课程的理念。但静下心来仔细想想，表扬是不是太滥、太不值钱了？以学生发展为本的评价理念，在实践中是不是被演绎得过了度、变了形？评价真正达到了它的自身价值吗？传统教育一味地批评、指责、否定学生，造成学生自信心匮乏，当然弊病重重。但这次课改提倡多鼓励学生，也并不是要求教师海撒"棒棒棒，你真棒"这种声音啊？如果每天都沉浸在一种声音里，评价语言没有变化，每个人所得到的评价没有区别，学生的心里恐怕会对其产生免疫力，评价的激励作用难以实现，评价的效度能落实多少也就可想而知。

一切教育措施的出发点皆为"有效"，评价也是如此。有效的课堂评价应以学生的发展为出发点和归宿，是促进学生发展的催化剂。诚然，鼓励、称赞等积极的激励性评价，对保护和提高学生的学习热情有着积极的意义，但这并不是说，我们就必须一味地追求表扬式评价，而忽略否定性评价。其实，太多的激励性评价会造成学生自我感觉太好，经不起批评和挫折，稍有不如意就会情绪低落。所以，在课堂上究竟该采取怎样的评价方式，要根据实际情况灵活掌握。

当学生的表现有明显进步，如回答到位、见解独特、表达精彩时，教师的评价应不吝赞扬之词，及时予以肯定、赞扬、激励。如“好哇，这种做法很好，你真会动脑筋”“你的发言很精彩”“又是一种很好的解题思路”“这个问题很有价值”。如此亲切、明朗、热情洋溢的语言，学生听后怎么会不被感染？当然会不断获得前进的动力，在自信中走向成功。

当学生表现不理想时，教师善于从学生的表现中，敏锐地捕捉到其中的闪光点，用激励性评价及时给予肯定和表扬，让他们看到自己的能力和进步，从而增强学习信心。或者通过幽默的语言化解学生在课堂上的尴尬，小心翼翼地保护学生的心灵，帮助他们纠正学习中的错误。例如：“也许有的同学还有新的见解，你想不想听一听？”“说错是正常的，老师也会有说错的时候，没关系，再说一遍。”这样使学生容易接受，也不会对他们的自尊心造成损害。

当学生思维活跃、意见相左时，教师的评价深入浅出，追根问底，引导学生在激烈的争辩中相互启发，碰撞思维，厘清思路，统一意见。要给持相反意见的学生以申诉的机会，要给发生错误的学生以重新修正意见的机会，最终让他们带着满意的理解回到座位。

当学生的情感、态度、价值观发生一些偏颇时，教师的评价要学武术中的“四两拨千斤”，化腐朽为神奇，既尊重学生的体验，又把学生本有些不正确的价值观不露痕迹地送上正道。此刻的评价，最忌讳直白的否定，而应突出教师的智慧，运用幽默的语言进行引导，往往能收到奇效。我们看一个《斑羚飞渡》的教学片段：

教师问：“对于老斑羚舍生帮助壮年的、幼小的斑羚跃过悬崖的做法，你有什么想法？”

学生说：“我觉得那只镰刀头羊最愚蠢，它完全可以不站到老年斑羚那一拨去。”

教师：“为什么？”

学生说：“因为它是领头羊，它应该继续活下来带领那些得以生存的斑羚群。再说，它舍生救下那些斑羚后，那些得以继续生存的同伴也不会感激它。”

此时有不少同学纷纷表示了赞同。

教师说：“那么，当你遇到危险的时候，你不希望自己的爸爸妈妈来救你吗？如果他们不来救你，你怎么想呢？”

学生甲回答：“我会想，爸爸妈妈真狠，平时都说爱我，关键时候不来管我了！”

学生乙说：“我可是希望爸爸妈妈来帮我一把的，有他们在我身边，我才有战胜困难的信心。”

学生丙说：“我认为老斑羚舍身救小斑羚是爱自己种族的行为，只要能够保留住自己的种族，死了也值得！”

教师说：“是啊，说得多有道理啊！”

在这个教学片段中，教师巧妙地引导学生换位思考、移情体验，让学生置身其中，将心比心，从而感受到老斑羚这样做的勇气。在整个教学过程中，教师的引导了无痕迹、自然贴切，让教学过程成为学生高尚的精神生活和丰富的人生体验。执教教师运用自己的智慧，把课内发生的意外枝叶，通过富有诗意的评价语言，巧妙地嫁接到学生学习的主干上去，使课堂活跃而又不失秩序。

许多课堂教学评价仅仅是对知识的正确与否进行评价，注重测量学生的知识掌握程度，不能抓住契机，肯定学生的学习方法、学习习惯和学习情感。忽视对学生学习过程与方法、情感态度与价值观的评价，尤其是对学生学习的兴趣、良好的心理素质、新颖的学习方法、学习过程中独到的体验和感悟，更是缺乏及时的、丰富多彩的评价。这说明教师仍然将主要焦点集中于学生学习成绩上，没有多角度地去评价学生，忽视了学生个体发展的独特性，扼杀了学生创造的火花。

教师不要把自己当作课堂上唯一的裁判，要把评价的尺子交给学生自己，让他们产生使命感，也有了一回当评委的情感体验，往往也可使教学收到意外之喜，促进学生认知的顺利生成。

课堂教学评价应该是一种民主、平等的对话，这种对话过程贯穿着尊重人、爱护人、发展人的人本主义情怀。在课堂上，教师要能够认真听取学生的观点，客观地分析和评判学生的想法。一切评价，皆源于对学生发展的正确引领和点拨，源于对学生学习热情和创新思维的呵护。修炼课堂评价艺术，会使我们的课堂具有强大的吸引力，学生在课堂上快乐、轻松地学习，将不是遥远的理想。

心中有案，更要“目中有人”

在谈到听课的时候，我一直主张，大家要盯着学生多去观察，看他们在课堂中的情绪变化，洞察他们的心理状态和思维状况，摸清他们对学习目标的掌握程度。

为什么要提这样的要求呢?

传统的课堂过于注重教师的表演和学生的整齐划一，教师的课堂独白以短平快的问答为主，一切顺着教师事先设计好的线路推进。课堂观察的视线集中在教师身上。而学生“秧田式”排列，按统一的姿势坐好，聆听和记录教师的声音，课堂在维护着严格的甚至苛刻的课堂秩序。这样的课堂，往往强调“落实双基”，不顾其余，只在传授学科知识的框架里寻找与挖掘可能的发展，忽略了学生作为一个人的存在，他们的感受和尊严，他们的情感和人格，受到普遍的漠视。

学习是学生的事，不关注、不研究作为课堂主体的学生，不把学生首先作为一个有思想、有个性的独特生命来看待，很难真正建设以学生为本的课堂，也很难实现课堂真正的高效。

一个青年老师一节课忙活得浑身是汗，可学生大眼瞪小眼，无动于衷，效果非常不理想。下课后，她很委屈，眼含泪水把自己的教案拿给我看，上面密密麻麻，写满了蝇头小楷，可见下足了功夫。可为什么却是这样的结果呢？我告诉她说：“在课堂教学中，一定要做到八个字——心中有案，目中有人！”

构成课堂的要素有三个：教材、老师、学生。三者之间的地位变化，形成了不同的课堂结果。

如果以教材为本，教师就会成为教材、教参的奴隶，成为传声筒，而学生则是一只只被填食的鸭子；如果以老师为中心，则学生是台下的观众、听众、过客，甚至是睡客。无论是教材本位，还是老师本位，这样的课堂都忘记了教育的根本，忽视了教育的真正对象——学生。

试想，如果一个教师站在讲台上，满脑子只有自己教案本上的东西，甚至要把教案本举在眼前，按照课前安排的内容，“一步一个脚印”，沉浸在自我的世界里，完全看不到学生的欣喜或茫然，怎么能奢求良好的效果呢？想打造高效的课堂，就要学会时刻反思：我们的眼中有学生吗？

当我们辛辛苦苦地查阅资料，详详细细地写出教案，在课堂上罗列出一二三四，把知识讲得可谓滴水不漏，学生却并不领情的时候，我们是否想到，只重视讲的严谨，却忽视学的规律，不能从学生学的角度科学地调整自己的教学方式，教学肯定会走进误区。

“目中有人”的关键是要准确定位师生关系。

学生是课堂学习的主体，教师是学生学习的引导者、组织者，教学就是学生、老师、文本之间对话的过程。既然是对话，自然就要讲究平等，讲究交往和互动。在课堂上“目中有人”还要关注差异，主要是关注“差生”。造成“差生”的原因主要是懒，作为学生懒惰之症的首席治疗医师，如果老师愿意动一些脑筋，花一些时间，一定会让他们有所改变。

如何才能算是“目中有人”呢？我认为要特别关注以下内容：

1. 学习准备：学生课前准备什么？是怎样准备的？准备得怎么样？学生的准备习惯怎么样？教师不妨在课前转一转、看一看、问一问、停一停，对学生的基础学情有更多的了解。

2. 学习动机：教师在教学过程中，除关注知识内容外，要始终重视内在认知动机的激发，要想方设法调动学生更多的兴趣和热情，让学习逐渐成为学生自我维持的过程。

3. 学习内容的选择：到底要给学生哪些内容？是否照搬教材，不做丝毫调整就算是万事大吉了？要时刻找到学生的基础和起点，以此为基本依据去选择、调整和重组学习内容。教材的深浅、内容的搭配、例题的选择，必要时都可以发挥教师的作用予以改变。

4. 学习方式的组织：同一个内容，选择何种学习方式，结果会截然不同。教师要始终认真审视每一个教学行为的有效性和针对性，要符合学生的心理特点、学习能力和学习习惯，如学生可以自主、合作、探究的学习时间留有多少？提供哪些展示形式？怎样确保有序进行？学习的质量如何？

5. 学生的主动有效参与：学生参与的人数、时间、对象、过程、质量如何？教学设计、课堂气氛是否有助于学生表达自己的奇思妙想？如何处理？学习目标是否面向全体学生？是否关注不同学生的需求？特殊（学习困难、残障、疾病）学生的学习是否得到关注？

6. 特殊情况的处理：在课堂上随时出现的特殊动态，教师是否能够及时捕捉？对有利于教学进程和教学效果的情况是否给予关注和提炼，使之点燃学生群体的学习热情？对与课堂学习相悖的学生行为，教师是否及时予以纠正和引导，以防止其事态扩大而不可收拾？

一言以蔽之，那种教师高高在上，滔滔不绝，完全置学生于不顾的教学行为，距离“看得见人”的课堂十万八千里，应彻底摒弃。

不做教材的“传声筒”和“复印机”

在学校组织的一次教研活动上，一个年轻的语文老师提出了自己的困惑：“我们班的孩子，每人都有一本教学参考，弄得我都没法讲课了。讲吧，很多学生都知道答案，不讲吧，又怕学生掌握不好。真是两难啊。大家说，我是不是应该强行把学生手里的教参没收？”

没想到这个问题一出，竟然引起大家的共鸣，原来相当一部分老师都面临这样的困境。于是，有人提议：掀起一个在课堂上树立“正气”的行动，告诫孩子，要认真学习，谁也不许偷看教参，偷看关于教材解读的书籍！

原来，教参这个东西是教师的专利，只有教师读得，学生是读不得的！这简直是天大的笑话！

这让我想到一个流传甚广的比喻：教师就是教材的“传声筒”和“复印机”。备课就是把教参中涉猎的东西原封不动地搬过来，而上课就是将这些东西原封不动地搬给学生，不去注意研究学生，不去深入探讨教材的体系与学生认知水平的差异，造成思维僵化、模式僵化、内容僵化。长期以来，教参成了教师走路的“拐杖”，离开教参，教师就会一片茫然、手足无措。怪不得有的老师怕学生读教参呢！学生把“拐杖”拿走了，教师岂不是要栽跟头了？

须知，教师除了承担着教授知识的责任外，还担负着开发学生智力、塑造学生灵魂的重任，在教学中应当按照自己的教育理念和教学目标，创造性地运用教材。

我们应该强调一点，“用教材教”，而不是简单地“教教材”。教材的编排水平再高，其承载的信息也是有限的。这就要求教师在实际教学中应根据学生的认知规律和现有水平，在认真领会《课程标准》中对教材编写意图说明的同时，真正消化教材，既让教材为我所用，又不受教材的约束和限制，学会灵活、能动地运用教材。大胆改革教材中的不合理因素，根据学生的实际增删、调整教学内容，融入自己的科学精神和智慧，对教材知识进行教学重组和整合，对教学内容做综合化的拓展渗透。这样，才能从有限的教材中再生无限，于滞后的教材中开掘鲜活，在片面的教材中构架完整，设计出活生生的、丰富多彩的课来，从而激发起学生自主学习的热情和意识。一个优秀的教师，应该比教科书的编者看得远多了。

创造性地使用教材要依据学生情况而定。教学不仅仅是为了完成教材上的内容，更重要的是教育富有个性的活生生的人。我们面对的学生，各有各的特色。就是在同一个班，学生与学生之间也不一样。我国幅员辽阔，地域差距那么大，不可能编排出适应每一所学校、每一个学生的教材。哪一种教材最适用于学生？就算是选到了最适用的教材，教学质量还要取决于教师对教材的感受、理解、把握、创造、实施的质量和效果。了解是教育的前提，创造性地使用教材，必须根据学生的认识水平、心理特征、学习规律而定。有的教师认为新的教材比原来好教了，因为教材内容相对旧教材简单了许多。其实这是一种非常错误的认识。课程标准对学生的要求并没有降低，之所以给教材留下更多的空间，目的在于给教师和学生提供创造性使用教材的机会。教师要在教材的基础上，根据需要，适当补充和拓展内容，这样才是正确使用教材的方法。由此可见,新教材不是简单了,而是复杂了,对教师也提出了更高的要求。

创造性地使用教材还要考虑实际的教学资源。多数教师在教学中往往更关注的是硬件，诸如教学场所、实验器材、多媒体教学手段、网络技术、图书、教具、学具，等等。凡是提到教学效果、教学质量，总是先比硬件：人家学校有什么，我们学校没有什么，所以……他们常常忽视软件的重要性，如学校领导忽视管理、忽视师资培训、教师忽视对理论的学习等。殊不知优越的硬件设备只有在先进的教育理论指导下，通过教师努力，才会发挥出更大的效能。所以教师创造性地使用教材，一定要依据所在学校的教学资源而定。在新一轮课改理论指导下，要力求用最朴实的教学资源及手段去上最好的课，才是依据教学资源灵活创造教材的最好做法。一味追求教学硬件上档次，或因学校硬件设备滞后而苦恼于教材的难教，都不是正确的态度。传统的挂图、教具、学具等仍然应充分而合理地使用。

教师自身的教学特长也可以决定对教材的创造使用。再好的教科书，不好的教师也难以教好。不好的教科书，有好老师一样能教好。搞好教学工作的关键取决于教师素质。不同的教师有不同的特长，有的擅长美术，有的擅长音乐，有的擅长朗读，有的擅长板书，有的擅长运用多媒体手段。充分发挥教师的特长，更有利于教师用自身形象及人格魅力去感染学生，潜移默化地培养学生的综合素质，更便于挖掘教材的内涵，为学生学习活动提供有效的服务。课改的变动性、多样性，要求教师是一个决策者，而不是一个执行者，而决策者的直接表现就是创造性地教学。有的语文老师上课，带学生到大自然中去，体验生活，记录生活；有英语老师打破教材局限，把学生感兴趣的一些内容，如体育明星、影视明星等编排成英语文章让学生来学习。这些都是一个教师创造性的体现，也是一个教师个性特长的体现。单纯地执行教材僵化的内容，也会使教师的个性被抹杀。

创造性地运用教材，包括变更教材体系，调整教材顺序，摒弃和添加某些内容，甚至自编教材。创新的最终着眼点是激活学生的思维，培养其创新能力。毕竟教材并非尽善尽美，许多内容及教材要求完全可以根据实际进行再创造。在实际教学中，应遵循三个原则：

探一探——教材内容的编排往往是循环上升的，有的教师在使用教材时按部就班，不敢越雷池一步。其实，不要小看学生的能力，在很多的地方，顺其自然地向深处走一点，常常有水到渠成的效果。

扩一扩——教材的内容更新远远不能跟上时代发展的步伐，教师要善于对教材进行及时的弥补和更新，增添最新的资讯，作为对教材内容的扩展，既让学生感兴趣，又拓宽学生的视野，可谓一举两得。

引一引——新课程强调开放，教师不能拘泥于死板的教材本身，要善于引导学生走出教材，到广阔的社会空间中实践和认证教材传递的信息，多组织学生开展一些诸如收集、整理、专题研究等开放度较高的活动，也是对教材创造性使用的重要手段。

教学中的创新，哪怕是一点变革，都会在学生中引起更大范围的变革。作为“对话者”的教材不是一个“确定的权威”的守护者，而是一个可能性的创造者。它是教师和学生共同开发和创造的一个“蓝本”，只有跳出它的狭隘，不断批判，不断丰富，才能真正实现新课程的要求。

“教什么”比“怎么教”更重要

我曾经在语文组做过一个实验，给教师们提供一篇课外小说文本，给初二的学生上课，结果发现了很大问题：几名老师无一例外，都能做到教学设计完整、周密，教学方式丰富、精彩，课堂驾驭能力也表现得游刃有余，确实体现出了教学艺术的高水平。但是，借助这篇文本到底应该教学生什么，几个人的想法却大相径庭。这还不是根本问题所在，在研讨中再深究一步，对初二学生而言，小说的教学要求是什么，课程标准是如何界定的，大家的认识很模糊。

自课改以来，人们把注意力过多地倾注于自主、合作、探究等教学方式的研究，并将这些内容列为最重要的课堂评价指标。于是，一堂课“是否实现了教学方式的转变”几乎成了践行课改成败的标志。为了合作而合作、为了探究而探究的课堂层出不穷，但这样的课很难达到课改预期的目标。

从语文组的这次活动可以看出，教师们把气力更多地用在了“怎么教”上，而对“教什么”明显缺乏缜密的思考。大家没有从思想上解决对课改本质的认识，只在招式上大做表面文章。

“教什么”是对教学内容理性的思考，是在上课前首先要解决的问题，“怎么教”则侧重于方式方法，是由教学内容所决定。

打个比方：如果说“教什么”是我们要去的地方，“怎么教”则是到达这个地方所采用的交通方式，如步行、骑自行车、开汽车等。如果我们连要去的地方都没搞清，那么不管采取什么方式，我们能到达目的地吗？答案当然是否定的。

为什么大家会普遍忽略对“教什么”的研究？我想有两点原因不容忽视。

一是长期以来，教材成了教师走路的“拐杖”，离开教材，教师就会一片茫然，手足无措。许多教师满足于做教材的“传声筒”——备课就是把教材中涉猎的内容原封不动地搬过来，在课堂上再把这些内容原封不动地搬给学生。教师不知道教材内容和教学内容的区别，对教材缺乏独立见解，在“教什么”上说不清道不明，对整套教材体系更是一本糊涂账，这就难免在教学上的随心所欲和不知所措。根据学生的实际对教材进行增删、调整，融入自已的学科精神和智慧等，都成为了奢谈。

二是长期以来的考试“指挥棒”导向，造成了教学中普遍存在的“考什么教什么”的现象。老师们喜欢研究考试，热衷于揣摩命题人的心理，对考试热点大教特教，对非重点则大胆放弃，根本不关心课程标准的要求是什么。这种以考定教的做法完全曲解了“教什么”的本质，极容易造成学生知识体系的不完整。

一个“拐杖”，一个“指挥棒”，导致教师缺乏对教材的深透理解。就一篇教材内容而言，具有哪些教学价值？对具体的学生来说，应该选择怎样的教学内容？从教师本身来说，能否胜任这样的教学内容？这些，是远比教学方式更重要的问题，是老师在选择教学方式之前必须弄明白的事情。

怎样确定“教什么”呢？我想提几点最起码的要求。

一是教师对自己的教学内容要有意识，即知道自己在教什么，并且知道为什么教这些内容，这些内容在整个教材体系中的位置及前后关联。

二是一堂课的教学内容要相对集中，不要过于分散，让学生学得相对透彻，那种一堂课动辄七八个学习目标的做法不可取。

三是要选择与学生现有知识基础的匹配度适宜的教学内容，学生“跳一跳，或再跳一跳，就能摘到果子”，而不是无法企及、敬而远之的，并且清楚学生在学习过程中可能遇到的障碍，以及解决障碍“铺设台阶”所需的知识有哪些。

总之，要凸显教学内容的价值与意义，所选择的内容能有助于学生知识结构、学科素养、人格修养、技能技巧、独立思考能力等方面的完善和提高，否则，一切都是徒劳无益的。

内容是皮，形式是毛，皮之不存毛将焉附！如果一节课下来，目标定位不精准，课堂没有厚度、广度，无论你用什么教学方法，都将是无根之木、无源之水。这是教学需遵循的基本逻辑。

莫给教案当“奴隶”

著名教育家叶澜教授对以教案为本位的传统课堂教学有一段极其深刻而又颇为生动的描述：

上课是执行教案的过程，教师的教和学生的学在课堂上最理想的进程是完成教案。教师期望的是学生按教案设想作出回答，教师的任务就是努力引导学生，直至得出预定答案。学生在课堂上实际扮演着配合教师完成教案的角色。于是，我们就见到这样的景象：课堂成了演出“教案剧”的“舞台”，教师是“主角”，学习好的学生是主要的“配角”，大多数学生只是不起眼的“群众演员”，很多情况下只是“观众”与“听众”。

我们对照自己的课堂去看一看，叶澜教授所讲到的情景并不乏见。特别是一些所谓的“公开课”“优质课”，更是将这种现象推到极致：为了取得更好的课堂效果，老师对教学过程不厌其烦地进行排演，而最终呈现出的课堂，俨然一出煞费苦心而又拙劣蹩脚的“教案剧”！

可能会有老师对这个问题很迷惑。那么，教案是什么？我们备好课不就是为了按照教案来进行教学吗？难道这样的做法也有问题吗？简单地说，教案是一种教学的方案，从教学程序来说，教案是备课时完成的，只是一种预设的方案。而课堂千变万化，授课的内容与思路时刻根据实际情况在进行调节，如果以为备了课，就像把预想的课堂教学看成计算机的输出规定程序，把上课当作不折不扣执行教案的过程，很容易将课堂拖入机械、沉闷、僵硬、程式化的泥潭，缺乏生气和乐趣、缺乏对智慧的挑战和对好奇心的刺激。教学活动必然成为教师主导的独角戏，成为主要为了完成知识传授而全然不顾及学生情感态度、主体性和能动性的独角戏。

为了上好课，很多青年老师总愿意找来名师的教学设计，依葫芦画瓢地去套用，但往往以失败告终。看起来那么精彩的设计，到了自己的课堂却光彩全无、味同嚼蜡，为什么呢？恐怕我们不能不归因于“生成性”因素的使然。

诚然，课堂教学是有目标、有计划、有组织的活动，因而我们不否定预设是教学的基本要求，但仅有预设是不够的，教学是“人—人”系统，因此它必定又是一个生成的过程。教案不是一出已经定稿的剧本，而更像是一部不能画上句号的手稿，它是一直处于自我校正、自我完善的动态发展之中的，它是课前构思与实际教学之间的反复对话，是一次次实践之后的对比、反思和提升。因此，千万不要僵化地以为按照教案的内容亦步亦趋，就可以达到预想的效果。教学要以开放代替封闭，而开放的目的则是使教师的教学个性和教学风格、学生的生命力和创造力在课堂上得到充分发挥。这么说并不是提倡不要写教案了，不备课了，而是要详略得当，周密考虑。教案的线条可以粗一些，给实际教学留下一定空间，最终在教学中完成，在教学后完善，绝不能将一节课变成完全预定的、僵死的“走教案”“演教案剧”。教案不能简化为教师的拐杖，一旦抛开，寸步难行。

跟老师们谈起这个话题，竟然有人将罪责加到了集体备课的头上：“学校要求集体备课，要求统一思路，统一教案，这还怎么注重课堂的生成？这不是完全把老师的个性抹杀了吗？”

其实，集体备课并不能抹杀教师的个性和思想，它不是为了统一教学模式和教学内容，而只是明确教材的难点和重点，探讨较为有效的解决办法，发掘教材的闪光点，对教师个体起到查漏补缺、启发思维的作用，让教师胸有成竹、游刃有余，在教学设计和组织中彰显个性风格。统一教案也不是最终的教案。集体备课时形成的统一教案，并不是完美的终极教案。教师必须对统一教案认真阅读思索，结合自身风格和班级特点加以补充改造，使之达到最佳境界，才能拿到课堂上去实践。因此，说集体备课无法体现教师个性，无法实现课堂生成，完全是“欲加之罪，何患无辞”！

作为有思想的教师，一定要时刻提醒自己：我是否又将教案当成了僵化的剧本？教案是为我的教学服务，还是我成了教案的奴隶？

做个“善变”的教师

过去学生评价语文课堂有一句话：“语文教学像敲钟，天天敲，一个声。”其中对语文教学的无奈与不满暴露无遗。一成不变的事物最令人生厌，教师的教学也同样如此。

不“善变”的教师是懒惰的教师，是没有进取心的教师。任何改变都需要勇气，需要思考，需要下一番气力；而按照既定的套路来教学，完全不管学生发生了什么变化，不管教育环境发生了什么变化，甚至不管教材的要求发生了什么变化，自然就是没有责任心的直接表现。

不“善变”的教师是迟钝的教师，是没有灵性和智慧的教师。任何改变都需要聪明的头脑和敏锐的思维，有的教师不是不想变，而是不知道如何去变，离开原有的一套就不知所措，这自然涉及教育能力的问题了。

“变”里面包含着智慧，体现着艺术。干巴巴的教学语言，老一套的教学组织形式，毫无新意的教学手段，连开场白、结束语、小组讨论等，学生都耳熟能详，缺乏足够的吸引力，就应该彻底摒弃。有一句歌词在学生中很流行，叫“给我新鲜”，的确代表了学生的心声。教师亟待改头换面，面孔要生动起来，手段要花样起来，形式要灵活起来，内容要新颖起来，本着一种服务的思想，在“善变”中享受生命的乐趣。

教育的每一天都是新的，每一天的内涵与主题都不同，只有具有强烈的冲动、愿望、使命感、责任感，才能够提出问题，才会自找“麻烦”，自寻“烦恼”，也才能拥有极富创意的诗意的教育生活。真正的教育家会永远憧憬明天。停止冲动，教育就会终结；停止变化，教育之花就会凋零。

有的教师总说，“我很忙”。但这种“忙”不能是机械的重复，不能是照搬模仿，而应该是创造，是革新。回想一下，我们哪一年的工作是完全一样的？哪一次的教学活动是照搬抄袭的？又有哪一个班级、哪一个孩子是相同的？我们的工作内容充满了变化性，也就要求我们随时在工作中求新求变，机械的重复劳动会使人厌倦，而推陈出新的工作不仅能唤起我们的工作热情，而且更能在工作中不断提高。

每个新学期的开始，我们是否想过，在我的教学中要尝试什么改变？每接一个新的班级，我们是否想过，我的带班理念和带班策略是否要做些调整？甚至每一堂课的导入方式、提问手段，每一本作业的批改形式、批语内容，每一次测验的试卷样式、讲评方法，都时时求变。要培养创造性的学生，首先应该有创造性的教师，时时刻刻寻求变化，不仅会让我们的课堂、我们的生活鲜活起来，而且会紧紧把学生团结在我们周围。

朱永新教授在《新教育之梦》一书中说：一个教师不在于他教了多少年书，而在于他用心教了多少年书。一些人，他教一年，然后重复五年十年乃至一辈子；有些人，实实在在地教了五年。一个实实在在教五年的人，与一个教了一年却重复了一辈子的人，他们的成绩是不一样的。这段话提醒我们，教育家和教书匠的区别是，教育家每天都是新的，每天都要思考，每天都是用心教书；而教书匠每天都是一样的，机械地重复着教育的套路，不管外面的世界风起云涌，总是僵化地唱着古老的歌谣。

作为一个优秀的教师，每天都要扪心自问：今天，我“变化”了吗？

课堂高效的根本在于学会舍弃

减负提质关键在课堂。课堂教学少做无用功，摒弃那些教而无功、学而无功的内容和过程，真正在学生学会、会学上下功夫，就是实实在在的减负，也就能实实在在地提质。

话好说，但能在每一节课、每一个教学环节、每一个知识点的教学上都能做好，难！

就语文教学来说。叶圣陶先生讲，课文无非是例子。我理解，这句话包含有这样的意思：老师和学生教学课文的目的，应该是通过教学课文来达成具体的教学目标（知识积累的，能力锻炼的，也有情感态度的）。叶老先生这个观点的影响是深远的。它教导和启示我们，巧用例子，达成目标，是语文教师的匠心所在。一以贯之，经年累月，可望实现通过“教”而达到“不教”。

若能如以上所说，可能会少做无用功。而我们现在的课堂，常常是老师忙、学生苦却劳而无功。要问为什么讲这些，他可能会说，课文总不能不讲啊，如果不讲，考到了怎么办？如果我们的老师能在每节课备课时和每节课上完后，逐一反思一下，所教所学、所讲所练都是为实现目标的吗，我们肯定会发现，无用功不少。于是，我要说，

课堂教学少做无用功，我们要多一些这样的“反思”，进而养成反思的习惯并持之以恒，尤其是在备课时。

这是一位叫孙宝泉的老师在自己的文章《课堂教学要少做无用功》中所阐述的观点，这篇文章说明了一个道理：课堂高效的根本就在于学会舍弃。只有学会舍弃，才会少做无用功。语文特级教师宁鸿彬在回答别人的提问“如何提高课堂的教学效率？您的绝招是什么？”时，答案只有简单的三个字“反浪费”。也同样深刻地阐述了这一点。

这是不是应该引发我们的警醒和思考：看看在我们的课堂上，到底有多少行为没有价值？到底有多少语言属于废话？到底有多少时间学生是在无所事事中度过？

提高教学的有效性，首先要做到的一点就是关注教学中的每个时间段，让每个时间段都在创造价值，效率自然就提高了。

不过说来容易，教学中养成的一些不良习惯和思维定式往往支配着教师、逼迫着教师，因此，要真正砍掉无效环节还需要下不少功夫。

无效表现之一：热度高深度浅。课堂变活了，在一定程度上激发了学生的学习兴趣、学习热情和主动精神，但在参与和活动的背后，却透露出浮躁、盲从和形式化倾向，学生内在的思维和情感并没有真正被激活。自主变成了自流，课堂展现的是学生肤浅、表层的，甚至是虚假的主体性，失去的却是教师有针对性的引导、点拨和有效帮助的重要职责。合作有形式却无实质：学生之间在缺乏问题意识和交流欲望的背景下，纯属应付交差式地进行讨论，缺乏平等的沟通和交流，缺乏深层的交流和碰撞；探究有形无实，学生只是机械地按部就班地经历探究过程的程序和步骤，缺乏好奇心的驱使和思维的探险以及批判性的质疑，从而导致探究的形式化和机械化，变成没有内涵和精神的空壳。课堂虽然极度热闹、喧哗，类似“茶馆”“集市”，但极少让人怦然心动，究其原因，就是课堂缺少思维的力度和触及心灵深处的精神愉悦，肤浅得像一杯白开水，淡而无味。

无效表现之二：问题多思考少。满堂灌改成了满堂问，整个课堂被教师提前设定的一长串问题贯穿。这本也无可厚非，但遗憾的是，教师得到答案的欲望太过急切，往往是问题提出来，根本不给学生思考的时间，就直接去寻求答案，结果是很好的问题变得价值极低。提问的目的在于训练学生思维，学生经过自己的独立思考，并将思考的结果以语言的形式加以完整的表述，才能有益于学生对问题的深入理解，有益于启发学生的智力，培养学生的分析能力和解决问题的能力。对学生的回答，不能只满足于结果，更要善于让学生说出理由，这样，正确的加深理解，错误的也能通过阐述理由的过程找到思维的偏差点，并对症下药进行校正。否则，学生只达到学会知识的层面，而没有进一步发展成为会学，会举一反三。

无效表现之三：布置密检查疏。有的教师喜欢随机布置一些任务，诸如，下课把书读两遍，请把错误的题目整理好，把该背的问题背下来，等等。但说过之后，教师很快就忘记了，这样有布置无检查的教学环节，让教学更为低效。

有效的教学必须体现以下几点：

第一是深刻。深刻意味着不是把教材看懂，而是看穿、看透，从而挖掘出教材的精髓内涵。教师把教材钻得深，悟出来的道理就透彻，这样讲起课来就简单，就能够讲在点子上。所以优秀教师的课都有一个共同点：深入浅出。一个科学家曾说过这样一句话：科学的秘密就在于把复杂的东西演变成为若干简单的东西去做。教师把课上得简单，实在是一种智慧、一种境界，它绝不是把教学简单化了，而是艺术化了、精良化了、高效化了。

第二是独到。教师对教材要有真知灼见，能够于平凡中见新奇，发人之所未发，见人之所未见。不囿于教材本身的框子，始终渗透着自己独到的见解，他的课就如同一首诗、一幅画、一段旋律、一项发明，是独一无二的创造，学生听这样的课就像是在独享一片风景。

第三是广博。苏霍姆林斯基在《给教师的一百条建议》中说："教师所知道的东西，就应当比他在课堂上要讲的东西多十倍，以便能够应付自如地掌握教材，到了课堂上，能从大量的事实中选出最重要的来讲。"上下五千年，纵横八万里，教师都应该有所涉足，这样才有可能口含灵珠，游刃有余，讲起课来纵横捭阖，左右逢源，旁征博引，妙趣横生，从而给学生带来一路春风，使其如同进入一个辽阔、纯净甚至可以嗅到芬芳的知识王国，令学生流连忘返，全身心地陶醉。

第四是灵活。不是追求课堂表面的热闹、活动形式的花样翻新，而是追求学生脑力劳动的适度紧张，思维活跃，体验加深，更好地落实教学目标，提高效率。重实效，不是搞"死"，不能以丧失学生学习的主动性、创造性为代价，不能以压抑学生的愉快体验、积极思考为代价。只要我们的思维放得开，敢于自由、大胆地创造，敢于相信学生，善于鼓励学生，多一些激情，多一些灵动，学生就会和我们一起幸福愉快地学习。

教学的有效性是教学的生命，学习中学生学到了什么，得到了什么，是学生、家长也是我们教师都必须追问和考虑的。围绕我们要达到的预期目的，设计好教学的整个流程，从上课、作业、练习、测试，一线贯之，都为之服务，有效性才不会落空。

杜绝课堂上的虚假合作

课程改革倡导自主合作的学习方式，于是，合作学习成为部分教师追求的时髦。我曾经有机会做了一次全市语文教师教学大赛的评委，三天的时间，听了二十来堂语文课。尽管课的内容不同，但上法却颇为类似。尤其是小组合作、讨论，无一例外地被当作重要的教学方式。但仔细观察，有一些合作学习很明显有为合作而合作的嫌疑，空有其表，而无其实。低效的合作，让学生难以安静地、独立地读书、思考、感悟、作业。譬如，有一节课是这样的：

孩子们围坐在一起，老师一宣布小组讨论，前排学生“唰”地回过头，满教室是嗡嗡的声音，每个人也都在张嘴，可谁也听不清谁在说什么；有的小组长则唱“独角戏”，一个劲地嚷嚷，其余同学就只有当听众的份儿了；有的学生则茫茫然，不知所措，更有的同学干脆把此时作为玩耍的绝好时机，偷偷地做些不相干的事……几分钟后，老师一声令下：“停！”全体同学立即安静下来：被叫到的同学一张嘴就是“我认为怎样怎样……（压根就没有合作的痕迹）”；想发言而没被叫到的同学则只能唉声叹气；无言以对的同学则怕被叫到而诚惶诚恐或暗自庆幸……这样的合作有效吗？表面上热热闹闹的过程，背后更多的可能是放任、随意和低效，甚至是无效。

青年教师思想活络，比较容易接受新鲜事物。合作意识、合作精神在现代学科日益细化的今天无疑有着极为重要的价值。因此，提倡合作学习自然成为新课程的重要标志之一，在课堂上极尽所能展示其合作学习的崭新理念也就不足为奇了。但是，教学讲究的是实效，是以学生学会和会学为目的，如果合作学习完全取代了学生的独立思维，其价值就该画上一个大大的问号。

仔细辨析起来，不难发现，这种动不动就分组讨论，七嘴八舌、人声鼎沸的“繁荣”背后，往往隐藏着种种不尽如人意。

其一，从众心理往往使部分学生在讨论过程中弱化了独立的思考，过分盲从于“优秀生”的观点，能偷懒时且偷懒，滥竽充数，失去了真正锻炼自身思维品质的机会。从某种意义上讲，这是由教师的“一言堂”衍变为尖子生的“一言堂”，其危害的本质是相同的。从教学实践看，小组中基础较差的学生，往往沦为学习中的弱势群体，进而导致缺乏主见、人云亦云的性格缺陷。

其二，每个小组讨论的问题往往有分工，在课堂交流时，由于缺乏对其他组问题的深入思索，因此对其他同学的陈述往往不甚了了。甚至由于教师缺乏必要的指导，学生只重视小组的讨论研究而忽视小组汇报，表现为学生往往没有足够的兴趣和注意力听取其他小组的研究成果。这就从客观上造成了教学效率的低下，极易导致学生知识体系的不完整。

此外，片面理解合作的内涵，把课堂小组活动作为合作的唯一方式，忽视了学生在课前课后的合作，也是导致学生独立思考力丧失的重要原因。课堂 45 分钟是有限的，难以全部完成合作学习的任务，收集相关学习资料、调查生活和社会发展的情况、对课堂教学中存在问题的深入研究，都必须通过合作与独立完成相结合的方式进行。这样，合作精神和独立思考的习惯便能完美融合了。

俗话说："三思而后行。"合作，必须是在每个个体都以积极的态度投身于学习的基础上的合作，这样才能达到相互促进、共同提高的目的。否则，以扼杀学生独立思考为代价的合作，将徒有其表，流于形式，与教学初衷背道而驰。除了赚取课堂上虚假的繁荣外，再无其他意义。

建立属于自己的课堂常规

青年教师在教学生涯中经常会有此种遭遇：从低年级接手一个教学班，往往教起来比较轻松，还算得心应手，但随着年级的升高，却越教越吃力，直到最后玩不转，被学校领导调整工作，重回低年级。为什么会出现这种无奈的情况呢？仔细观察，大多与这些教师在低年级的时候过分注重知识的教学，缺乏必要的课堂常规训练，致使学生没有形成良好的学习习惯有关。随着学生年龄增长，个性意识增强，加上知识难度提高，管理起来就越来越难，直至无法继续下去。

我曾经不止一次地在青年教师的课堂上见到如下现象。

现象一：上课铃马上要响了，学生的课桌上还是空空如也，该准备的课本和学具还装在书包或桌斗里，而我们的老师却没有发现这样的问题，直到上课要用到课本或者练习本之类，学生才匆匆忙忙地找寻，课堂上乱成一团。

现象二：不少老师到教室后，上课铃声一响，随即开讲，连师生问好都省掉了，美其名曰节约时间。实际上，尽管铃声已经响起，但是学生往往并没有完全静下来。老师一下子就开始讲课，效果自然不会好。因此，师生问好并非形式主义，可有可无，它属于课堂常规之一，起到组织教学的作用，需要加强。

现象三：有些老师上课时虽然没有取消师生问好，但是对学生起立问好和坐下的环节抓得不实。学生是乱糟糟起立、乱糟糟问好、乱糟糟坐下。这样乱糟糟的开头对下一步实施课堂教学肯定是有害无益的，等到老师觉得自己讲课，学生还在说话、还在做自己的事情时，就会感到不舒服，就会有火要发了。

现象四：有些老师上课时不注意学生的坐姿，有趴着的、有斜着身子的、有低着头的、有撑着下巴的，各种各样。整体给人的感觉缺少美感。

现象五：对教师发出的各种指令，譬如自读、讨论、快速背诵等，学生面面相觑，半天闹不清要干什么，等醒悟过来，教师规定的时间也马上到了，而在刚刚过去的这几分钟里，学生一无所获。

现象六：教师提出问题来经常无人应答，即使举手回答问题也是羞羞答答，胡乱地伸伸手臂，课堂上缺少那种必要的生气。

很显然，这些现象都是不注重教学常规训练的结果。课堂教学活动是师生互动、生生互动的阵地，教学质量的提高离不开课堂教学，而规范的课堂教学常规是有效课堂的重要保证之一。千万不要以为教师的工作就是把课本上和教参上的知识输送给学生。“没有规矩，不成方圆”。每个老师都能做到认真备课、认真上课，但未必能做到随时认真训练课堂常规。这是因为在部分教师的潜意识中，根本没有注意到训练学生的学习规范、形成必需的学习习惯的重要性。良好的规范和良好的习惯是能够完成学习任务的前提，尤其是在低年级，这点尤为重要。

课堂常规的内容很多，需要我们循序渐进地落实，教师不妨根据学校的要求，制定自己的课堂常规，引导和教育学生在学习中严格遵守。譬如，一位青年教师在自己的课堂上提出了如下的要求：

1. 预备铃响后，立即进入教室安静坐好（课间准备好上课用品）。

2. 不迟到、不早退、不旷课。课上不换座位、下座位，不随便出教室。

3. 迟到的学生必须先喊报告，经老师允许方可进入教室。

4. 上课要坐姿端正，专心听讲、积极思考、认真记笔记、做好课堂练习。教师讲课时必须目视教师。

5. 上课不准吃东西、喝水，课桌上不摆放任何与学习无关的东西。

6. 回答问题时要起立，得到老师允许再坐下。提问题时先举右手，经允许后再起立发言，确保安静的课堂环境。

7. 下课时将桌上的东西收拾干净。

这些要求看起来并不复杂，比如教师提出“教师讲课时必须目视教师”，这对提高学生的专注力以及教师透过学生的眼神了解学习状况很有好处。但是，需要教师反复要求、反复强调，才能形成。不能以为规定出台了，跟学生说明白了，就可以一劳永逸了。要想真正形成习惯，需要在较长一段时间内不放松，坚持不懈才能见成效。除了学生必须养成的一般的规矩外，也可以训练学生专属于某个教师特色的课堂常规。这样，当学生来到张老师、李老师的课堂上，就可以相应地完成好老师的要求，他们懂得在什么情况下该如何做，不该如何做，并相应地做好物质的与精神的准备，从外部观察起来，学生是训练有素的，教学效率自然会提高。

不过需要注意的是，对课堂常规的训练也需要循序渐进，不要奢望一步到位。有的青年教师性子急，一下子弄出几十条常规要求颁布给学生，导致学生无所适从，结果并不理想。常规要求应该尽量简单易行，不提倡过于刻板、让学生感觉无法适应从而有抵触情绪的要求。

一些小学科的教师往往以不是主要学科、不参加中考和高考为理由，上课来，下课走，忽略了对学生的常规要求，这导致了师生之间的沟通渠道不畅，管理难度加大，甚至出现了课堂上乱哄哄的现象。这实际上已经不是一个简单的教学艺术的问题，而是责任心不足的反映了。

时间就是生命，课堂 45 分钟的演绎是课堂教学生命的体现。课堂教学是一种有目的、讲求效益的活动。那种不计效益和投入成本、不考虑教学实效性的所有课堂教学行为都是一种对学生与教育不负责任的浪费。建立自己的课堂常规，为提高课堂效率打下了坚实的基础。

培养习惯最重要

要想成功必须从小事做起，而良好习惯的养成也是这样。唯有从小事做起，才能养成良好的习惯，而良好的习惯会让我们受益一生，因为习惯决定命运。

为什么我们有的老师带低年级的学生时还算得心应手，但随着年级的升高，却越来越难教，成绩越来越差？力气没少花，但效果却不明显。这其中就有一个很重要的原因，只注重了单纯的知识传授，只把目光盯在成绩上，没有注意对学生良好学习习惯的训练。随着年级升高、知识难度加大，学生和老师就都难适应了。这样的行为显然是短视的。学习成绩是一时的，这次考得好，下次未必考得好，而学习习惯是终身的，它对人的影响是广泛的、深远的。教育归根结底是培养好的习惯。良好的习惯是学生所储存的资本，会不断地增值，而人的一生就在享受着它的利息。杰出的思想家培根说："习惯是人生的主宰，人们应当努力求得好习惯。"我国教育家陈鹤琴先生则说："习惯养得好，终身受其益，习惯养不好，终身受其累。"在这个竞争的时代，家长都希望自己的孩子将来能在社会中成龙成凤，有良好的学习习惯是学生获得成功的重要因素。

要知道，在学生身上，不是好习惯代替坏习惯，就是坏习惯代替好习惯。教师要把扭转学生身上的坏习惯作为习惯培养的出发点。克服坏习惯首先要使学生认识到坏习惯的危害，树立克服坏习惯的信心和决心。其次是锻炼学生与坏习惯斗争的意志力。学生的不良习惯积累越多越不容易建立良好的习惯，要想改变它，必须做出巨大的努力，花费很大的气力。例如，有的学生形成上课不集中注意听讲的坏习惯，即使在教师的教诲下有了改正的决心，有时好了几天却又犯了。犯了又改，改了又犯，这需要长期的意志锻炼，有时是非常痛苦的。所以，那种认为学生还小，可以放纵一些，等年龄大一些再来培养学习习惯的做法是完全错误的。一旦坏习惯在学生身上扎了根，再去纠正就相当困难了。

在习惯的培养上，教师自身的示范作用不可低估。学生在学习中接触最多、关系最密切的莫过于老师了。教师的行为习惯经常成为学生的模仿对象，小学生经常说，“我们的老师是这样说的”。而中学生，更成熟一些了，但仍能从教师那里模仿或学习到相应的行为习惯。关键问题是，教师在要求学生养成良好习惯的同时，自己也要养成良好的教学习惯。如果要求学生主动学习，勤于思考，而教师却没有读书学习的意识和行为；要求学生做作业时画直线要用直尺，教师在讲课时却徒手在黑板上画弯弯曲曲的直线；要求学生写正确规范的字，自己却在黑板上、在学生作业本上龙飞凤舞。试问，在这样的教学下，学生什么时候才能养成良好的学习习惯呢？所以，教师在教学中应表现出良好的习惯，以身作则，使学生在学习中受到潜移默化的影响。只有营造出这样一个好的环境，学生良好的学习习惯才能得以更好的培养。

学生习惯的培养并不神秘，需要从小节开始，持之以恒。在提倡素质教育的今天，学生养成良好的学习习惯，必须从细节开始。在教学中，有许多的细节，诸如坐的姿势、读书的姿势，回答问题的声音要响亮，及时整理笔记，作业本上的错题要及时更正，等等。教师在教学中要注重把这些细节养成好的习惯。《老子·道德经》中有这样一句话：合抱之木，生于毫末；九层之台，起于垒土；千里之行，始于足下。教师必须注意从一点一滴的小事抓起。习惯是经过重复或练习而形成的自动化的行为动作，它不是一朝一夕就能形成的，而是必须有一个过程，要养成良好的学习习惯，需要不断强化，需要持之以恒地渗透。千万不能一曝十寒、浅尝辄止。奢望一蹴而就，通过提一两次的要求就能够形成习惯了，这只能是一个空想。只有坚持不懈地进行要求和规范，久而久之，学生的习惯才能形成。

就像教给学生知识有个序列一样，对学生的习惯培养也应该有个计划，对培养的内容、时间、方式都有所考虑。培养哪些习惯，如何培养，要作为一项教学内容写进教案，使之明确化，以便随时训练、有的放矢。例如，相继培养学生主动学习的习惯，及时完成规定的学习任务的习惯，各学科全面发展、不偏科的习惯，预习的习惯，认真听课的习惯，上课主动回答问题的习惯，多思、善问、大胆质疑的习惯，上课记笔记的习惯，课后复习的习惯，及时完成作业的习惯，阶段复习的习惯，记忆习惯，口语交际习惯，定计划的习惯等，都应纳入习惯培养的序列。当然，这样说并不是要求这么多的习惯齐头并进，一股脑地丢给学生，每个老师要根据学生的特点灵活掌握。

一旦学生养成了处处时时自觉学习、按规律学习的习惯，教师的教，学生的学，便都能做到左右逢源、随心所欲。多一个好习惯，心中就将多一份自信；多一个好习惯，人生中就多一份成功的机会。作为教育者，就要努力地培养学生良好的学习习惯，让学生乘着良好习惯这艘帆船，乘风破浪，顺利地到达成功的彼岸。

不能忽略教学细节

周增文先生曾编著了《细节决定教育成败》一书。这本书从一个侧面很好地论述了教育的问题，给我们指引了一个系统而全面的教育教学方式前进方向。

老子有句名言：“天下大事必作于细，天下难事必作于易。”意思是做大事必须从小事开始，天下的难事必定从容易的做起。同样，细节，滋养教育智慧。细节，决定教育成败。教育的成功，也要从细节开始。

和青年教师交流的时候，可以看出细节是常常被忽略的。在大家的眼中，可能更注重高深的教育理论或者先进的教学理念，以为拥有了这些自然就拥有了教育的美好前景。其实不然，教学是个细致的细微的工作，从点滴的细节做起，才有可能真正实现教学的高效。

支撑课堂教学的灵魂是教育理念，而透视教学理念的放大镜是教学细节。

关注教学细节，就是关注教学行为的改变，就是关注新课程理念的落实；关注教学细节，就是要用新的教学理念去反思过去的教学细节，改造惯常的教学细节，创造崭新的教学细节；关注教学细节，其实就是关注学生的生活、知识、情感、体验和生命发展的过程，就是舒展智慧、落实理念、改变行为、提升教育品质的过程。精彩的教学细节不仅可以使教学过程具体、丰富而充实，而且可以使教学过程充满诗意和灵动，充满智慧和创造；精彩的教学细节会给我们以意外和惊喜，会令我们陶醉和享受。

细节虽小，却能透射出教育的大理念、大智慧，所以，充满生命活力的课堂必定离不开精彩的细节。

初中数学课上，老师按照自己的教学设计讲完了规定的课程，老师问："同学们，听懂了吗？"全班学生大声说："听懂了。"老师又问："谁还有没听懂的地方，请说出来，老师再详细讲解一下。"张同学站起来怯生生地讲了不懂的问题，老师认真做了解答。最后，老师说："记住，今后要专心听讲啊。"

学习的过程应该是学生自我建构知识的过程。学生的生活经历不同，知识基础不同，对教师的讲授，有听不懂的地方完全是正常的。教师认为学生有疑问就是上课没有专心听讲，显然是武断的结论。老师看似不经意的一句"今后要专心听讲"，实际上是向全班学生传递了一个错误信息，那就是学生有不懂的地方肯定是上课没有专心听讲，哪个学生愿意被戴上不专心听讲的帽子呢？学生有没有听懂的地方，本身就很难为情，是鼓足了勇气才向教师请教的。老师的这句话，极有可能扼杀学生大胆提出疑问的勇气和自信，很可能导致学生再也不敢承认有不懂的地方了，这对教育教学的顺利开展会产生很大的负面影响。

有的老师认为，所谓的教学细节，不就是教师在教学中善于随机应变、即兴所得的结果吗？只要不断积累经验就可以做到了。其实，这是对教学细节的一种错误认识。更多的时候，教学的细节是教师预设出来的，实质上是备课中一种匠心独运的准备，看似简单，但隐藏在它背后的是一种思想，是一种理念。教师只有对教材、对学生、对课堂教学有深刻的理解与把握，并经过用心思考，才能精心创设出充满魅力的教学细节，只有未雨绸缪，才能预知精彩。有人在论及预设教学细节的时候这样写道：

创设教学情境，要精心预设教学细节，要善于调动全体学生的积极性和主动性，突破教学的重、难点，全面提升学生的人文素养；引导学生探究活动，要精心预设教学细节，教师对活动对象的参与情况，对活动环节和活动时间的调控等都要进行协调，这些都需要在课前进行精心的预设，才能在具体的探索过程中发挥主导作用，达成教学目标；让学生动手操作，要精心预设教学细节，当学生想知而不知，似懂而非懂时，用学具摆一摆，就会起到化难为易的效果，当学生的感性认识积累到一定程度时，教师要适时引导学生在丰富表象的基础上进行思考、表达，并会用学科的语言描述自己的操作过程，适时抽象概念，使感性认识上升为理性认识；组织学生小组合作时，也要精心预设教学细节，教师要根据学习内容的性质和学生的学习特点，灵活地组织学生进行小组合作学习，在合作学习中，教师还要以平等的身份，适时地参与小组的讨论，并随时对学生进行针对性的指导。

教师要有敏锐的目光和头脑，在课堂教学中随时发现、捕捉有价值的教学细节，智慧地处理好每堂课中的一个个细节，成功地完成教学任务，才能使课堂教学绽放精彩。

要注意课堂上值得延伸的环节。教学细节的处理需要教师有一双善于发现的眼睛。善于发现，才能抓住转瞬即逝的教学行为细节，画龙点睛，点石成金，使细节成为教学的突破点，成为学生的兴奋点，从而创造精彩互动的课堂。

要注意课堂上值得延迟的评价。当课堂上学生对某个问题产生了不同的想法时，老师不要急于直接告知对与错，更不能采取回避、堵塞、应付，甚至是置之不理的做法，而应该用极大的耐心为学生提供自主探究和质疑的机会。目的是给学生充分的时间与空间，让学生充分表达自己的观点，充分展示自己的思维过程。

要注意课堂上值得深思的意外。课堂上经常会有一些出人意料的情况出现，譬如学生的回答与自己的想象相去甚远，譬如学生的课堂行为凸显出某种个性。作为年轻老师，往往忽略了这些细微之处，从而与非常重要的教育契机失之交臂。实际上，越是出乎意外的情况出现，越有可能衍生精彩的课堂细节。教师要善于在看似应该和正常的地方，在有意无意的忽视和漠视的地方，努力去挖掘其中蕴含的潜在的教育因素，这样往往会收到意想不到的教育效果。

另外，一个优秀的教师，还要善于在课后进行反思，研究每个细节背后所蕴含的意义，用新课标的理念去解读每个细节发生的原因、处理的经过和结果。比如，哪些教学细节预设得很好，在实际教学中顺利地完成了教学目标，做上记号；哪些教学细节在课堂教学中经过教师智慧性地应变，成为课堂中的精彩；哪些和学生对话的教学细节在整节课里起到了画龙点睛的作用；哪些教学细节激发了学生学习的积极性；哪些教学细节教给了学生科学思考的方法……只要我们细心地记录下这些成功的教学细节，并进行研究、改进和完善，将对我们以后的教学起到借鉴作用。对失败的教学细节也要注重反思。比如，哪些教学细节不够贴近学生的生活实际；哪些教学细节在课堂教学中教师引导得不够适时；哪些教学细节不能激发学生学习的积极性……研究这些失败的教学细节，找到不合理的原因，找出正确处理的方法，避免在以后教学中重蹈覆辙。

有句谚语说："使人疲惫的不是远方的高山，而是鞋里的一粒沙子。"每位教师都应期待着自己的教学在细节上做到洞察秋毫和尽善尽美，因为，我们锻炼自己对细节关注的品质和能力，最终目的是培养学生对细节关注的品质和解决细节问题的能力。

彻底删除“标准答案”

曾经看到过这样一个语文课堂教学的片段：

语文老师教学古诗《题西林壁》，在教学到引导学生理解诗意这一环节时，教师向学生提出了这样一个问题：“同学们，刚才我们已经读熟了古诗，现在谁能说说‘横看成岭侧成峰’这一句诗的意思呢？”老师话音刚落，马上有一个学生站了起来，说：“老师，这句诗的意思就是说‘横着看成了山岭而侧着看却成了山峰……’”“你是说‘横看’的意思是‘横着看’吗？”学生刚要往下说，却被老师的话拦住了，该生望了老师一眼，点了点头。老师摇了摇头，当即否定说：“不对！”学生便满脸疑惑地坐下了。接下来老师便这样引导学生：“同学们，你们在读课文的时候眼睛是从哪一边向哪一边看呢？”生答：“老师，是从左向右看。”老师说：“这就对了，如果把这种看法运用到诗中，你说诗人是怎样看的呢？”学生马上做出了反应：“老师，是从左向右看。”老师对学生的回答也当即做出了信息反馈：“对，‘横看’的意思应该是‘从左向右看才对……’”

从整个教学片段来看，教师在教学“横看”这一词语意思的过程中，巧妙借用了学生在读书时的顺序来进行引导，可以说引导得有声有色，的确让学生理解了“横看”就是“从左向右看”的意思，倘若翻开教学参考书看看，“横看”也的确是“从左向右看”的意思，就其教学目标来说是达到了的。只不过细思“横看”的意思和刚开始时那个学生回答的“横着看”这一答案，我的看法却不能和我们这位老师的看法苟同。“横看”就其意思来说，参考书上的答案并没有错，的确是“从左向右看”的意思，但我想参考书上的答案也许并不是唯一的答案，诗句“横看成岭侧成峰”中的“侧”应该是和“正”相对的，只因用“侧看”和“正看”读起来不顺口，也不符合诗的意蕴，所以作者才用了“横看”一词。而实际上，从看的角度上来说“从左向右看”也就是“正看”和“横着看”的意思，如果老师能离开参考书拓开自己的思维多想想，会发现学生的答案实际上也没有错。在备课的过程中，教师把“从左向右看”看成“横看”的标准化答案，这无疑抹杀了学生的发散性思维，因而从某种意义上说，教师的引导不但没有功，相反是有过的。

诚然，在教学中，标准化答案的确能给教师的教学指明正确的教学方向，学生所掌握的答案也是绝对正确的，但老师如果在教学中凡事都以标准化答案来指导自己的教学，把它固定成自己的一种教学方式，这却是不正确的。这样一来，学生的发散性思维和创造性思维全被标准化答案挤占了，只要学生回答的不是自己设计的答案，教师为了确保万无一失，便严格要求，不加思索一刀劈下，久而久之，这对教学是极为不利的。

很显然，标准答案阻碍了学生的发展，让学生变成唯答案是从的答题机器。学生是教学的主体，教师教的效果如何主要是从学生的身上得以体现，但这种体现并不是让学生在教师提问之后能够按照标准化答案答出来。到一个地方有三条路，我们要检测的不仅仅是看学生会不会走，更主要的是要让学生根据自身的条件选择一条适合自己走的路；一个问题有很多种解决的方法，更重要的是要让学生都知道并能根据自己的实际情况选择一种自己所喜欢的方法。只有这样，学生在以后的学习过程中，才能做到举一反三而不是唯一而从，从而让学生的思维空间得以发展。标准化答案只会把学生变成一问一答的机器人，如果学习的环境稍有改变，他们便会无所适从。

跟老师们聊起来，大家都很担心：如果不去追求标准答案，是不是会影响到考试成绩？分数没有了，如何体现教师的劳动成果？这种担心看起来不无道理。考试的评分重视标准答案，会反过来逼迫教学不得不唯答案是从，于是，“怎么答就怎么学”就成了教师无可奈何的选择。一道论述题，老师画重点：“这道题一共三个要点，一是……二是……三是……”每个要点都是得分点，记住两点不行，创新四点也会错。不容置疑的标准答案一旦被确立，“顺我者昌，逆我者亡”的机制立即被激活。比如：“一个春天的夜晚，一个久别家乡的人，望着皎洁的月光不禁思念起了故乡，于是吟起了一首诗。这首诗是什么？”一个学生答：“举头望明月，低头思故乡。”结果同样被判卷老师打了个“×”，因为标准答案是“春风又绿江南岸，明月何时照我还”。这样可以称为笑话的例子并不鲜见。学生一旦把答案当成权威，深信不疑，还怎么能拥有质疑精神？“我们的学校为何培养不出一流的人才？”钱学森之问，犹在耳边，而一流人才，绝不会止步于标准答案。因此，作为一个有良知的教师，不能仅仅为了眼前的一个分数，而给学生加上太多的条条框框，使他们不敢越雷池半步。要鼓励学生敢想敢说，敢于创新。更何况，目前考试也在不断改革，试卷命题中的主观成分越来越多，这就要求学生必须摆脱标准答案的思维束缚，才能取得好的成绩。

还需要注意的是，标准化答案不仅影响到了学生，也同样阻碍着教师的发展。如果教师在教学中凡事都以标准化答案为准，对于一个问题，在备课之前不去找找看有没有其他的解决途径而是唯一而从，造成的后果便是自己的教学会越来越僵硬，很难适应教育形势的发展。在教学中，教师教学方式的创新来源于教学经验的积累。以本节开头的那位语文教师为例，如果该教师的心中没有锁定“从左向右看”这个标准化答案，在学生回答之后多加思索让学生自由发挥，那么在以后的教学过程中他便会积累到一种经验——考虑到学生的思维。仅此一点，教师在以后的备课过程中便会多加分析，得出适合本班实际的教学方式,从而使自己的教学得以创新。如果凡事都以标准化答案为准，那么我们的教学方式还分什么启发式和填鸭式呢？干脆将答案一一“填给”学生，岂不方便了很多？

考试、评价的基本功能是培养人、教育人、塑造人。中小学生的思维正处于发展中，如果我们采用了标准化答案去鉴定他们，那只会扼杀学生思维的发展，达不到育人、发展人的目的。同样，教师的教学要想真正变得有声有色从而取得“育人”的实效，绝不能用标准化答案来指导我们的教学，不能把一本教参作为我们的救命稻草，不能把抄写标准答案、背诵标准答案作为最重要的教学方式。当我们的教学打开了教师和学生的大脑，使思考和质疑成为课堂的主流，答案是不是彻底标准，又有何妨呢？

给学生有温度的知识

有时候，我们的教师在课堂中给予学生知识时目的是过于简单的。这些知识用来干什么？就是来换取高分的。所以，为了最直接、最有效地达到这个目的，教师要做的就是将那些罗列在课本上的知识点条分缕析地摘录出来，搬给学生，让学生或死记硬背，或机械训练，直至达到能够娴熟地应对考卷上那些五花八门的题目为止。在这个过程中，那些原本鲜活的知识变得枯燥、苍白、乏味，学生的兴趣也往往丧失殆尽。

一个高水平的教师，一定要学会给学生有温度的知识。何谓“有温度”？简单说，就是这些知识是温暖的、温润的，有滋有味儿，趣味盎然，让学习者在学习、接纳知识的过程中能够消弭抵触情绪，而乐于接受，乐于探索。

如何让知识变得“有温度”？

首先取决于教师对学科知识的态度。知识本身是中性的，不附带任何感情色彩。但作为传授知识的教师，则必须传达出对所教授知识的鲜明态度。无论是痴迷、热爱，还是厌烦、反感，都应该随着教师的教学过程传递给学生，这种传递本身就让知识带上了相应的感情色彩，有了温度，进而影响到学生与学科的关系。试想，一个干巴巴朗读《周总理，你在哪里》的语文教师，如何能够将文本自身的魅力与情感播种在学生的心中？即使学生通过练习的方式，将诗歌的主题、感情色彩、写作特色掌握得滚瓜烂熟，能考取一个高分数，但对学生个人的发展而言，又有何实际意义？一个优秀的教师要由衷地喜欢上自己所教的学科，要在这片知识的领域中享受着探索的乐趣，以实际行动让流淌在自己课堂上的知识颜色明朗起来，形态柔软起来，深入学生的心灵。

其次，知识是否有温度，取决于知识与生活的关联度。知识与生活完全脱节，是当下课堂教学中常见的弊病之一。为什么我们培养出来的学生在知识的记忆、计算的能力等方面排在世界最前列，但想象能力、创造能力却大大不足？其中一个很重要的原因就在于，我们的知识教学是脱离了生活情境的，被干巴巴地抽取出来。仅就知识本身而言，学生看似掌握得很好，可一旦还原到生活的复杂情境中去利用这些知识，学生就变得手足无措了。也许完成试卷上的电学试题学生得心应手，但让他们在家中安装一只灯泡，很可能就无从下手。强调情境教学，其实质就是强调教师要想方设法地把教材上那些孤零零的抽象的知识与学生实际的生活建立种种关系，从错综复杂的生活层面来理解知识的内涵，来体会知识的意义，这样的知识教学才不是与生活硬生生割裂开来。人们常说学以致用,学完的知识如果被简单搁置，在实际生活中没有任何用途，学生是断难喜欢的。譬如，为什么很多学生不喜欢学习英语？道理很简单，学生除了在课堂上用到一点点英语交流之外，一下课，那些东西就变得毫无意义了。因为没有这样的语言环境。因此，一个英语教师就要想，如何将这些英语交际的内容延伸到课外。假定英语老师强调课下跟自己的交流依然不能用汉语，假定教师有意识地开设了英语角、英语沙龙、英语晚会等活动，假定教师与某些外国机构建立适当联系，让自己的学生与外国孩子有适当的书信交流等，那么学生们就会觉得，学习英语还真是有用啊。这时候的知识就有了温度，学生学起来自然有了内在的动力和热情。

最后，知识是否有温度，还取决于教师对学生学习内容的选择。我们都知道多元智能理论，这个理论说明，在人的天生素质中，的确存在着智力上的先天差异。每个孩子都是独一无二的，都有着聪明之处，也都具有在某些领域成才的潜质。没有人是全能，但也没有人是全无能。这就让教师面临着一个两难的选择：是引导孩子发展“所长”还是修补“所短”？我们在现实教学中要求学生科科都达到优秀的做法显然是在“补短”。这种做法导致的后果往往就是学生对自己毫不感兴趣的知识还要硬着头皮去学习，最终让学生产生反感甚至抵触情绪。就一个人的发展而言，显然发挥特长更利于成才。因此，在知识教学中，应该主张在学生达到合格的基础上，尽力发挥自己的长处，在某个自己擅长的点上寻求更大的突破。不要硬逼着那些可能成为作家的孩子去死啃数学，也不要强迫一个在数学逻辑智能上能力超常，极有可能成为科学家、会计师、统计学家、工程师的学生去弹钢琴、学唱歌。教师的“给”和学生的需要和谐统一了，就容易实现人的和谐发展了，这时候，教师教授的知识就变得温润可爱，而非面目可憎了。

第四辑

研究让
教学更精彩

迈进研究的门槛

教师虽然拥有“太阳底下最光辉的职业”的绚烂头衔，但现实中的教师却不无窘迫。其中最大的问题就是教师的职业倦怠，绝大多数教师年复一年、日复一日地重复着“过去的歌谣”，对自己的工作没有了创见、没有了追求，整天疲于应对，怨天尤人，从工作中无法体会到幸福的滋味。

如何克服职业的倦怠？用苏霍姆林斯基的话说：“想在教学工作中得到快乐吗？去搞教学研究吧。”课堂中师生共同经历生命历程，那是教师实现自我价值的地方，是教师获得生命尊严的地方。教师作为社会专业技术人员，如果能在自己独特的具有不可替代性的专业研究领域不断深入，将会见到一个别有洞天、风光无限的世界。

有位名家说过：“教师拥有研究的机会，如果他们能够抓住这个机会，他们将不仅能有力地和迅速地推进教学的技术，而且将使教师工作获得生命力和尊严。”因此，要想成为有尊严的人，就应该去研究、去创造，在创造性的劳动中，享受因过程本身带来的自身生命力焕发的欢乐。

中小学教师正是由于脱离了研究才使他们失去了应有的学术声

誉和专业地位，不能像医生、律师、科学家和大学教师等职业一样享有受人尊敬的专业地位。通过参加教育科学研究使教师获得应有的尊严，使教育学成为既是科学的又是生动的学问，这是教师提高自己应有的社会地位及价值的唯一的方式。遗憾的是，我们的绝大多数教师至今仍然徘徊在教学研究的大门之外，满足于做一个僵化、枯燥的教书匠。

追溯新课程改革之前，教师在教学方面，几乎是没有任何地位和权力可言的。教师只是被动地听从管理人员、课程论专家、教科书编纂者的指导，而他们自己的意见则无足轻重。这从根本上否定了教师的研究必要。但是，新课程改革之后，教师的地位发生了本质性变化。教师不仅仅是一个传授者，更是一个研究者。教学内容的开放和教学方式的变革都凸显了这一点。教学研究对教师意味着确信自己的能力能够构建知识和改进他们的实践。采取研究的态度能够从一个否认个人的尊严和迷信外部权威的教育制度中把教师和学生解放出来。这意味着教师改变了教书匠的生活，开始更有意义更具实效的创新生活。这是教师生存和生活方式的变化。

教材有很多未开发的知识死角，有很多未能挖掘的能力区。无论自己的课教过多少遍了，对学生来说都是新知识。面对新面孔，老师应有相应的努力，用最新的例证和最有效的技巧和学生交流。克服教学惰性，才会使自己的教学有长足的长进。

实践证明，促进教师走向课堂教学研究，也就是促进教师走向自身的发展。 教师蕴含着极大的潜力，基础教育的研究必须以教师为主体。在促进教师走向科研的过程中，只要我们能够激发教师发展的愿望,并帮助教师找到适合自己的研究方式,教师就一定能够成为研究者。

教师成为研究者才能真正体会和享受教育职业的快乐和欢欣。

观察我们周围的研究型教师，虽然他们的成长历程不同，但都具有如下特点：

一是钟爱自己的职业。具有把工作做好的朴素的愿望，具有强烈的工作责任心和使命感，并拥有一种融入个人生命价值系统的专业情感。

二是对问题充满热情。他们不满足于现状，能够独立思考，能够从多个角度看到全局，将看不见的问题变成看得见的、可以去研究去琢磨的问题，并在解决问题的过程中获得提升。

三是不排斥理论学习。努力地从已有的理论研究成果中汲取营养，提升自己对教育的基本认识。不断地通过思想与行动的交互作用来有意识地积累、建构自身的实践理论，是有思想的人。

四是践行知行合一。不是为研究而研究，研究的目的在于改进实践，提高实际工作的质量，力争不犯重复错误。

五是合作意识强烈。他们不是嘴里哼着“众人拾柴火焰高”，行动上却履行“一个和尚挑水吃,两个和尚抬水吃,三个和尚没水吃”的人。在教学上有困惑时，虚心求教，不耻下问，以得到真理为满足，不怕丢面子；在教学上有经验时，积极推广积极总结，努力与他人共享。合作化为了真切的实际行动。

教师迈进教学研究的门槛，是在追求自身专业水平的可持续发展的境界，这是一种不断从必然王国走向自由王国的境界。“今天，如果你不生活在未来，那么明天，你将生活在过去。”在教学研究的舞台上提升自己，寻找到教育的幸福，是每一个有志于教育工作的人应该追求的境界。

教学研究从反思开始

人的一生会有很多很多的失误，但最大的失误就是不懂得反思。著名教育家叶澜说：“一个教师写一辈子教案不一定成为名师，但如果一个教师写三年反思则有可能成为名师。”也有人说：“优秀教师＝经验＋反思。”反思是教师成长和自我发展的基础，教师通过反思，自觉地探索教育教学过程，可以在学中教、教中思、思中改；反思还可以让人及时发现自己的不足，对一个教师来说，其专业成长的历程就是不断反思自身教学实践的过程，经常性反思可以获得熟练的教学技能，从而获得专业教师所独有的专业智慧，这是教师自我提高的最佳途径，对以后的成长十分重要。

无数的实践证明：大凡在工作岗位上能够做出一些成绩的，或者说比较成功的老师，他们都是比较善于反思的教师。

需要注意的是，许多的教学研究探索并不需要高、精、尖的仪器与设备，它只需要一颗忠诚、敏感的心，只需要我们对那些发生在身边的并不引人注意，甚至司空见惯的教育现象，反复咀嚼，反复琢磨，从中悟出某些道理，从而给其他教育同行们提供相关经验，形成通识。由此可见，善于反思的人必须拥有一双聪慧的眼睛，善于发现和捕捉教育教学过程中的细节，画龙点睛，点石成金，寻觅到教育教学的真谛；善于反思的人还要学会总结经验，在提炼和升华的过程中，摸索教育教学的规律。

反思，从某种意义上讲，也是一种自我反省，自我进步。孔子说："见贤思齐焉，见不贤而内自省也。"意思是说，看到别人的优点，就要设法使自己也具有同样的优点，看到别人的缺点，就要反思自己，看自己是否也存在类似的缺点。作为优秀的教师，这是一种可贵的品质。譬如，面对当前的教育困境，我们不能将责任推到社会因素上，一味怪罪越来越复杂的社会风气、社会环境，怪罪家长缺乏教育能力，怪罪学生太容易受到不良因素的诱惑。要清楚，这是社会快速发展所带来的必然的问题，我们不能停留在埋怨上，而是要不断学习、不断总结、不断反思，调整和改变自己的教育教学策略，积极适应社会，而不是盲目地等待社会来适应自己的教育方式。

反思，可以让我们更辩证地看待自己和别人、今天和昨天：别人的不都是好的，昨天的也不都是坏的。反思是对过去的一种思考，从中可以吸取教训，也可以总结经验。只有经过反思以后的认识，才能真正变成自己的思想。

但遗憾的是，许多教师没有意识到教学反思对自身成长的价值，缺乏对待反思的正确态度，不理解反思对课堂教学的提升作用，反倒把反思当作一种负担。

反思是痛苦的。教学反思是一种批判性思维，它需要教师不断对自己既定的教学思想和教学行为进行深入剖析，条分缕析地发掘其积极因素和消极因素，并加以调整。这需要教师有极大的自我调整、自我改变的勇气和毅力。很多年轻教师缺乏反思的主动性和自觉性，总是被学校领导“硬掐脖儿”似的强迫着写，结果写是写了，却是胡编乱造地应付，达不到预定的目的。这是没有认识到反思对自己个人成长的意义，只把反思当成一种迫不得已的任务来完成的必然结果。

反思的一个根本前提是教师要具有鲜明的问题意识，能从庸常的教学现象中捕捉到反思的对象。这就要求教师要善于抓住教学中转瞬即逝的问题，将其搜索和提炼出来，赋予其深刻的思考。例如，在教学目标方面，可以反思教学目标是否完成，如果没有完成，原因是什么，是目标的设置不够合理，还是实施目标的过程和环节不够恰当；在教学方法方面，可以反思什么样的方法比较适合本节课的教学内容，学生对于讨论、小组学习是否适应，在选择不同的教法时，应该注意哪些问题；等等。有问题才会有思考和分析。建立在问题基础上的反思才真正具备反思的特质。

反思不是就事论事，它往往是从某个教学现象或教学事件出发，将思考引申开来，或联系以往的教学经历，或联系他人的教学经验，或与当下的教育教学实际相对照，从一个更高的层面上去思考教学问题。这样的反思有助于教师诞生对教育教学问题深刻而富有个性的见解，这是那些“为赋新词强说愁”式的、应景式的、作秀式的教学反思所无法比拟的。

说了这么多反思的重要性，但一提起教学反思，有些老师便感到头疼不已：平时工作忙得脚后跟朝天，眼前的事儿还做不完，哪有闲工夫坐下来写什么教学反思啊？

之所以产生这样的疑惑，必然是曲解了反思的价值及形式。

其实，日常课的教学反思的撰写不一定是长篇大论，每堂课的反思都长篇大论是不现实的，果真如此的话所思的结论可能也是很不成熟的。我觉得日常教学中，每个人都会对教学偶有体会，或者是顿悟，或者是新生了疑问，或者偶有解决教学问题的一缕智慧……但凡这些，我们都可以用或多或少的话记录下来。对顿悟加深认识可以成为我们进一步教学的有力推动因素；对疑问的追踪研究可以使我们不断地克服困难，取得进步；对于偶有的解决教学问题的一缕智慧可以积累起来使之成为我们的教育实践智慧。

譬如，一位语文教师在自己的反思笔记上写了这样几段话：

满堂灌带来的后果，使老师对学生自主学习的引导就显得特别困难，一段时间的努力不很见成效，就容易放弃尝试，回到老路上去。我想今后还要坚持预习和复习的整理本的检查和检测，让学生在预习、复习以及课堂学习这几个环节上能环环相扣，进一步培养学生的学习责任感，真正充当起学习的主人。

语文教学的目标一定要多元化，变固定目标为开放目标，教师要设身处地地关注、呵护、尊重学生的阅读感受。“教师搭台，学生唱戏”说得很有意思，“搭台”就是教师要洞悉学生心理和时代精神，构建适合学生智力发展的问题情境，以便有效地组织学生“唱戏”。

今天课上的互动很不好，原本以为一连串的问题设置好，足可以把课堂气氛通过讨论调动起来，谁知道学生们很不踊跃。刘老师帮我分析说，这是由于问题的设置难度过大，教师又缺乏及时“搭梯子”“指路子”，因此学生出现了“哑火”现象。看来，课堂上随机应变的能力我还要修炼……

每天都写出深刻而成熟的反思，恐怕普通老师很难做到，我们毕竟不是教育理论家，不是专业研究人员，不可能天天写两三千字的反思。但像这位教师一样，有感而发，三言两语，总是做得到的。虽然看起来没什么，但时间久了，记录下来的东西积累到一定程度，其价值就将显现出来。写教学反思，贵在及时，贵在坚持，贵在执着地追求。一有所得，及时写下，有话则长，无话则短，形式越灵活、越自由，收获往往就越大。

有些老师善于运用网络资源，一写反思就去“百度”一番。我曾经跟一位青年教师谈过这个问题，他是个电脑高手，运用网络驾轻就熟，他说，信息化时代的最大特征就是共享，网络的东西这么齐全，几乎没有查找不到的问题。比如，我想解决如何培养学生学习兴趣的问题，上网一搜，出来很多很多现成的经验。何苦还要费心费力地去自己写呢？再者说，写出来的东西与别人往往重复，还有什么价值？

这位青年教师的观点可能会引起相当一部分人的共鸣，还真值得琢磨。反思的目的是什么？无疑是强化自己对某些问题的认识。之所以要自己写，目的就是以写的形式促进思考，在写的过程中，对很多问题的认识就强化了，就变成了自己的东西。否则，随便拿一篇别人的文章来，都觉得很好，但那毕竟是别人的东西，它很难通过简单的阅读就内化为你自己的教学营养。更何况，写作是老师的基本功之一，长期不动笔，只会“拿来主义”，一个人的写作能力自然就会退化了。比丧失写作能力更为可怕的是，我们的大脑会逐渐退化、“生锈”。

教师为什么害怕写东西，我想原因可能有：不是自愿的而是被强迫交稿；不是感兴趣的，需要有专业根基的，无力完成；频繁写东西，无力应付；或者干脆认为“天下文章一大抄”，何必非得费心费力去搞什么原创呢？

可见，能否坚持反思，关键取决于认识水平的高低。打破古板僵化的思维，让反思卸去严肃的面孔，轻松一点，活泼一点，既没有压力和负担，又会更有价值。

要找准教研的重点

教师研究的重点应该是归纳和提炼教学经验。

对于教师这个职业来说，在遵循一些教育的共同规律的前提下，个人经验的成分相当浓厚。任何一个在讲台上度过了几年、十几年，甚至是几十年的教师，都会在与教材对话、与学生对话的过程中，形成具有个性特色的经验。这些经验，对解决教学的实际问题，常常具有化腐朽为神奇的力量。

但是，大多数老师在教了一辈子书之后，随着退休生活的开始，他所积攒下来的这些宝贵的经验也就自然消亡了。而新一代的教师，又开始了一个新的摸索、尝试、再摸索、再尝试的过程。而在经验的传承上，由于缺乏必要的手段，出现了严重的缺陷，造成了教育资源的白白流失。

因此，教师研究的重点应该是归纳和提炼这些珍贵的教学经验。在教学实践中，随着教学问题的诞生，教师的思考、尝试，所经历的失败或成功便随之而来。当这些体验逐渐丰厚的时候，就变成了经验。教研就是为教师搭建了这样一个将经验从繁杂的教学活动中拎出来的平台。无论是教师的教育叙事、教学反思，还是公开课，都是以一种描述的方式将教学案例展示在众人面前，并通过教研的形式，将案例所蕴含的富有指导意义的教育教学规律挖掘出来，再回到教学实践，发挥其指导意义。

在这方面，无数的优秀教师为我们树立了榜样：

窦桂梅，语文特级教师。从 1994 年开始搞“语文教学民族化与现代化研究”，先后出版《为生命奠基》《我们一起成长》《窦桂梅阅读教学精品录》《爱与爱的交流——窦桂梅学生作文选》等专著，发表文章近百篇。

黄玉峰，语文特级教师。一贯强调个性化教学，强调“爱的教育”；竭力主张并亲自实践“大语文”教学观，在社会上有一定的影响，也取得了令人瞩目的成效。因其特立独行的个性，在全国中语界被誉为“语文教学独行侠”“中国语文教学的叛徒”。

欧阳代娜，中学特级教师。早在 20 世纪 60 年代初，欧阳代娜就开始了语文教学改革的探索，在培养学生“喜读乐写，以写率读”方面，积累了经验。1979 年，她把语文教学改革从狭小的天地解放出来，置于“为了国家和民族的未来”的广阔背景下，大胆地开始了语文整体改革实验，取得了很大的成效。

于永正，国家教育部“跨世纪园丁工程”向全国推出的第一位名师。他以语文教学改革为突破口，把如何启迪学生的智慧、挖掘学生潜能、激发学生的创造天赋作为主要研究课题，形成了“以学生为本，以读书为本，以创新为本”，“重感悟、重积累、重迁移、重情趣、重习惯”的教学特色，在全国有较大的影响。

张思中，外语特级教师。40 年来坚持外语教学改革，创造出张思中教学法，即“适当集中、反复循环、阅读原著、因材施教”16

字教学法和“心理优势论”。其教改成果为国家教委和各级领导所关注和重视，日前，“张法”已在全国广大地区推广。

华应龙，首批“首都基础教育名家”，20多年来，他致力于探索人文化的小学数学教学模式，“尊重、沟通、宽容、欣赏”使他的课堂教学充盈着时代气息，洋溢着浓浓的师生情谊；新课程的春风吹绿了他的课堂，“古为今用”“洋为中用”“做中学”“玩中学”，清新流动的生命力让学生特别爱上他的“疯狂数学”。

……

这些名师都是来自教学第一线，在长期的实践摸索中不断归纳、提炼和升华自己的教学经验，终于成为教育大家。

当然，作为普通的教师，我们教研的目的不是成名成家，我们所开展的教研不必强调上升到纯教育理论的层面，那是专业的研究人员的事。只要属于个人的经验通过某些活动的载体，达到对其他教师产生了启示或引导的意义，教研的目的也就实现了。

做个“有问题”的教师

胡适先生在 1960 年 6 月台南成功大学毕业生典礼上，给即将毕业的大学生开了一个防身救急的药方。这个防身药方有三味药，第一味药就是“问题丹”(第二味是“兴趣散”，第三味是“信心汤”)，就是建议大学生走上社会后要不断地发现问题，研究、解决问题，这样才能不断取得进步和成果。可见他是多么看重“问题”和“问题意识”!

科学界有句名言：一个没有“问题”的科学家一定有问题。我想，这个道理同样适用于我们的广大教师。一个没有“问题”的教师一定有问题！反之，一个脑子里不断有“问题”出现，不断被“问题”缠绕着的教师往往是一个受学生、家长和学校欢迎的、专业发展很快的好教师。在各种场合，我们的年轻教师往往表现出超人的“谦虚”：评课时不发表意见，研讨时不提出质疑。在有经验的教师面前，总是畏首畏脚、毕恭毕敬、唯唯诺诺。为什么会这样？一是因为脑子里空空如也，自然提不出什么来；二是内心确实有些问号，可出于种种顾虑，不肯说，不敢说。不管原因如何，这种“沉默是金”都会大大阻碍青年教师的成长速度。

去观察我们周围的优秀教师，他们无疑都是些“有问题”的教师，他们心思缜密，对教育教学过程中的问题非常敏感，总是善于在表面看上去没有问题的地方发现很重要的问题，并且善于将一些表面的问题提炼成一个个深刻的科学问题。在平时的教学研讨和课题研究活动中,无论是听课还是评课,教师之间都有很大差距。那些能够听出门道、评出味道的教师，往往都有突出的问题意识，都非常善于在司空见惯的现象中发现问题和提炼问题。因此，其见解也更为深刻，更能给人以启迪。

具备问题意识，对教师提高教学研究的能力至关重要，中国教育报刊社的金边老师曾在《做一个“有问题”的教师》一文中有如此论述：

对于一个一线教师来说，教育科研和论文写作到底难在何处？我认为首先难在找不到、找不准需要研究的“问题”。问题是科学研究的起点，也是论文写作的起点。没有问题，科学研究和论文写作就无从下手。而现在不少一线教师的“问题”恰恰在于“没有问题”。所以，一个教师如果想在教学、科研和写作方面有点作为、有些成就，那么就一定要像特级教师和专家学者那样十分注意培养自己的问题意识，要做一个“有问题”的教师。

那么，如何才能够具备问题意识呢？

要善于捕捉问题。在实际的教学工作中，有些问题往往从我们脑海中一闪而过，这就要求教师要有一双善于捕捉问题的眼睛，要时刻以批判性的眼光审视自己的日常教育活动，要能够从平常的教学生活中发现这些转瞬即逝的问题。这些问题既是教师从事教育教学研究工作的起点，又是深入钻研教育教学工作的巨大推动力量。发现问题后要认真进行分析，究竟是什么问题，是什么原因造成的，怎样解决……实际教学中问题很多：学生学习兴趣不浓怎么办？学生缺乏主动意识怎么办？学生不能及时预习复习怎么办？对于面临的问题绝不能熟视无睹，否则只能使问题和矛盾越积越多，使教学走入窘境，从而影响教育教学质量的提高。

要善于寻找支撑。教育是一门科学，教育教学理论是解决问题的支撑，因此，教师要有意识地带着问题去学习教育教学理论和相关学科知识，有了丰富的理论依托，我们的问题解决起来才更容易，更有价值。人类已经积累了大量宝贵的教育经验，借助问题寻找理论支撑可以迅速找到解决问题的捷径，这比从头摸索要省时省力得多。有的年轻老师觉得，自己读大学时已经学过了相关的理论，没必要在这上面再投入精力。殊不知，教育教学的相关理论不断深化和变革，总有一些新的知识是我们必须及时学习和补充的，这样才不会掉队。

要善于“小题大做”。在研究中“贪大”是青年老师的大忌。动辄研究“提高教学的有效性”“关于学生主体问题的研究”等，受制于学识基础单薄和研究能力有限，结果往往不理想。要学会“小题大做”，在平时的学习中、学科教学中、教学情境中捕捉细微的、有实用价值、有普遍意义的问题，从某一小的切入点入手进行研究，保持研究的独创性和新颖性。例如，针对学生作业问题，可以研究如何布置作业更科学、如何保证学生作业质量、如何批改更有效、如何写评语等。这些问题看起来很小，但更有针对性和实际意义，一旦拿出好的研究成果用于指导实践，对提高教学效果意义极大。

保持“问题”意识，会让一个老师除却贫乏和枯燥，面目清新、充满活力，赢得属于自己的教育生命！

甩掉“教研倦怠”的尾巴

在学校中，不难见到以下情景。

情景之一：学校针对实际，开展一些有针对性的研究活动，对教学提出改革方向，有些教师不管学校如何倡导，依然我行我素，对教学研究漠然视之，认为教学研究是镜中花、水中月，中看不中用。因此，对于教科研课题研究、讲公开课、听专家讲座、参加各种培训等，没有丝毫的热情和激情，仿佛教学研究与自身发展、提高教学质量毫无关系。把一切教育教学改革和教学技术的创新都看成花架子而拒不沾边，只是靠“传统工艺”以不变应万变。长年与书店绝缘，一本教参打天下，观念陈旧，语言陈腐，方法单调，行为刻板，暮气沉沉，索然寡味，与学生形成深深的代沟……

情景之二：有的教师借口忙而疏于学习。忙于学校的各种检查，忙于备课、上课、批改作业、辅导，忙于班级管理等，这样的忙是有目的、有价值的忙；但也有些教师忙于上网聊天，忙于打麻将、打扑克，忙于玩电子游戏，忙于看韩国电视剧等。因为忙，教师们无暇顾及学习，更有个别教师甘心做“半瓶子醋”，过一天算一天。即使是参加学历进修不得不学习了，也是想方设法准备抄袭，蒙混过关，根本不肯静下心来读一读该读的书。

情景之三：部分教师功利思想严重。无论是外出培训、讲课，还是教学研究，只要是对自己有好处的，就积极争取；反之，则置之不理。利益的驱动代替了对事业的追求，代替了自我价值实现的欲望。

以上这些，都是教研倦怠的直接表现。造成这些现象的原因无外乎两点。

一是教师的不思进取。很多教师觉得自己评上了职称，拥有了荣誉，没必要再去追求什么。这种短视行为必然造成教师的不思进取、自我满足。不愿意参与教研活动，不愿意讲课，不愿意学习，也就能够理解了。我们去观察那些名师，有的虽然年龄很大了，但依旧对课堂和学生充满了热情。他们讲起课来，依旧激情澎湃，让人如沐春风。究其原因，是他们有着深厚的文化底蕴。这深厚的文化底蕴，源于他们不懈的学习。他们相见，谈的是“你最近在读什么书，在搞什么研究”，而我们一些教师却怨天尤人、牢骚满腹，认为学校不公正，同事不友好，学生不听话。此时，教师要调整好自己的心态，摆脱庸俗琐事的束缚，以昂扬的斗志、饱满的精神，静心学习，热心研究，诚心思考，潜心教学，努力提高自己、丰富自己；要善于创造性地工作，接受教育教学的挑战，享受教育教学的乐趣，不再是枯燥乏味地重复教学。一个不思进取的人，享受不到真正的生活的乐趣，即使有，也是肤浅的，与生命的光泽无关。

二是教师的负担过重。当下的中小学教师，的确面临沉重的工作压力。既要忙于教育教学，又要忙于应付学校和上级的各种检查；既要不加重学生负担，又要提高教学成绩。加上近年来社会和家长对教学成绩的过度关注，大大加重了教师的心理负担，这种心理负担得不到及时疏导，就导致了教师对教育教学工作的厌倦，当然也不再乐于参加在他们看来纯粹是增添负担的教研活动了。

这种漠视学习、懒于研究的情况，严重影响着教师自身的成长，阻碍了学校的发展。如何唤醒自己内心的成长渴望，克服教研中的倦怠情绪，就成为摆在每一个教师面前的重要课题。克服教研的倦怠，自然有学校的一份责任。学校应该在专业引领、制度促进、搭建教师展示平台等方面多做工作，帮助教师提高参与教研的热情。但是，克服倦怠感，重新拥有上进的心态，关键还在于教师个人。

要坚持教育的梦想，做个有信念的教师。有人曾比喻，对某一事业的信念和理想是职业倦怠的最好解毒剂，对防止教师职业的倦怠感是至关重要的。理想主义的教育者，总是不因循守旧，不安于现状，不满于现实，不限于条件而拒绝卓越，而是创造条件去体验追求的过程，对现状有所超越，对生活有所感悟。可见，拥有坚定的教育信念，是克服教研倦怠感的一剂最佳良方。因为，一个心中有梦的人，永远不会因生活的平淡而沉沦。

要寻求积极的措施，走进教研“内部”。积极的态度和措施可以改变一个人的精神面貌。作为年轻教师，更要主动参加各种培训，接受一些辅导或者教师同伴之间的支持和帮助，参与某些课题的研究，等等。尽管有时候上级要求很严，管得很死，可每堂课都得自己上，每项工作都得自己做，这就不妨按照自己的想法，做一些探索和创新。要多读多写，会读会写。平时不断地积累、不断地感悟、不断地反思、不断地操练，就能将枯燥化解为充实，将单调化解为快乐。

要学会自我心理暗示，在挫折中寻找力量。当一名教师遇上不遂人愿和力所不及的事，例如，教学改革暂时没有得到领导的支持，遇到困难；教学中碰到一时难以解决的问题，迷茫彷徨；等等。要学会进行自我心理暗示，像旁观者一样告诉自己：人生旅途经常会出现一些坎坷、挫折和大大小小的不顺利，没有挫折就失去了奋斗。坚信自己一定能行，决不能轻言放弃，因为每桩伟业都是由信心开道，由坚持告终。有意的心理暗示很多时候能使人顺利渡过一些难关。

曾经在一次青年教师座谈会上谈起教研这个话题，一个参加工作不久的小老师振振有词："做教研完全是件自愿的事，既然我不愿意参加，何必强求呢？"其实，这是不了解现代教师的工作特征。现代学校中的教学活动和教研活动是教师的两大任务，缺一不可。教研本身就融合在教师的教学生活中，甚至可以讲，在当前的教育背景下，教研已成为教师的一种教学生活方式。那种把教研剥离开来，以为搞教研完全是个人意愿的观点显然是站不住脚的。

我们的教师之所以在研究面前常常面临痛苦，大多是源于两点：一是对研究结果的功利性追求，例如单纯地为了评职称、涨工资而开展课题研究，撰写论文寻求发表或获奖，参与优质课评比，甚至追求出版专著等；二是迫于无奈参加一些不适宜自己去做的研究工作，例如超出工作范畴的课题研究。这两点归结起来，都是脱离了教师的教学生活实际，这样的研究也就构不成教师的教学生活方式。如此一来，他们就无法在研究过程中获得应有的满足感和幸福感，研究也就演化成为苦不堪言之事。因此，教师的研究必须把握从实际出发的原则，坚持从违背教师研究特点的虚假研究中摆脱出来，进入真正对解决教学实践问题有帮助、有价值，能使教师积累经验、提高自身水平的研究活动之中。

“备学生”才不会“对牛弹琴”

一个青年老师上完课后气呼呼地对大家说：“简直是对牛弹琴，我这么精心准备的一节课，怎么学生会无动于衷？”

这恐怕是我们青年教师中经常听到的一种论调，似乎课堂教学的失败全在于学生的麻木不仁。真相是这样的吗？非也。假定我们这个老师所说的比喻是成立的，学生为牛，那么，牛需要你去弹琴吗？那并非牛的需要。牛需要的可能是草料。之所以课上学生无动于衷，恰恰是做老师的给错了学生东西。当你给的东西是学生不需要不感兴趣的时候，你还能奢望学生在课堂上积极主动地配合你吗？

虽然那位老师口口声声地说这是精心准备的一节课，但我敢说，他并没有认认真真地研究学生的需要，并没有把研究学生的情况也作为备课的内容之一。

“备学生”并非新生事物，在教学实践中也常常听老师们提起。但是，在听课中能够深切地感受到，一个教师能够真正考虑到学生的实际，站在学生的层面来思考和安排课堂教学的并不多见。这说明，所谓的“备学生”往往只停留在口头上，并没有融化在教师的思想中。

应该清楚，了解学生与了解教材同等重要。一个教师通过几年、十几年的教学，对手头的教材有了比较深入的理解和研究，这种理解和研究一旦确定，就变成了教师自身的文化构成，相对而言比较稳定。但是,教师所面对的学生却不一样,每一个学生都有不同于他人的兴趣、爱好、性格、气质等，即使同一个学生，也会随着时间的推移、空间的转换表现出不同的特点。在绝大多数教师的备课中，对教材的了解和研究要远远高于对学生的了解和研究，说起来这犯了本末倒置的错误。因为，教师对教材的研究结果，必须通过学生得以落实。如果不了解学生、不研究学生，对教材知识的传授也就很难达到预想的目的。

应该如何“备学生”呢？

全面了解学生。学生原有的知识基础如何？学生基本的学习能力怎样？必须通过交流、测验等多种方式摸清“底数”，然后才能确定教学内容的难易程度，这样上起课来才有针对性。此外，不同年龄、不同学段的学生有怎样的认知特点？制约他们发展的情感因素有哪些？也要想方设法加以了解。从基础教育阶段的学生来看，影响他们学业成绩的因素往往是非智力层面的。只有了解了这些，教师才能根据学生的实际制定相应的教学策略。研究学生的生活背景也很重要，包括学生的经历、经验，思想和生活状况，每位学生的生活环境、学习经历都会不同，进而形成的对社会、对生活、对学习的观点和态度也会存在很大不同，这些背景对于学生进一步学习起着重要的作用和影响。这也是“备学生”的一块不可忽略的内容。

摸清学生动态。上面所讲的全面了解学生，主要侧重于对学生的静态了解。仅满足于此远远不够。教师既要从静态角度了解学生，更要从动态角度熟悉学生。所谓动态了解，是指及时掌握学生在各方面的变化和进步。如学习进退、作业完成的变化，组织纪律、兴趣爱好的变化，受到表扬、批评和同学之间纷争、矛盾后的变化等。特别要了解和关注后进生的情绪变化。后进生是学生中的弱势群体，自卑性强，缺乏学习的动力和信心。对他们的微妙进步，教师应及时给予肯定鼓励，并强化引导，使之体验成功的愉悦和增强前进的动力。

掌握班级状况。学生是生活在集体中的，有效的施教必须建立在对班级情况熟知的基础上。因此，“备学生”的内涵还包括了解班级基本状况。包括班级特征、学生构成、智能结构、学习情况、兴趣爱好、组织纪律、对本学科的学习态度及代表性意见、典型学生状况等。只有对班级了如指掌，才能统揽全局，科学施教。要勤与班主任及其他任课教师进行沟通，对班级的优点和不足以及相应的调整方法，有深入的思索，并纳入到备课之中，提前有所准备，教学才能有的放矢。

找准教学起点。社会的飞速发展为学生打开了广泛的学习渠道，许多课本上尚未涉及的知识，学生可能已经清楚了，我们认为很简单的不用教的，学生可能不会。因此，教师要遵循学生的思维特点设计教学，就必须把握准教学的起点。教师在备课中应该不断向自己发问：学生是否已经掌握或部分掌握了教学目标中要求掌握的知识、能力？掌握的程度如何？没有掌握的是哪些？哪些新知识是学生自己能够自主学习的？哪些需要教师的引导和点拨……通过对学情的了解，确定哪些知识是重点探究的，哪些可以略讲甚至不讲，从而很好地把握起点，有针对性地设计、实施教学。像我们通常所见到的，学生完全能够独立习得已经掌握的内容，教师还在侃侃而谈、悉心教诲，白白浪费了大量的宝贵时间，无疑是造成教学效率低下的最典型的失误。

明确发展目标。教师总是围绕教学目标来施教，这无可厚非。教学目标是教学的出发点和归宿，是教学的灵魂。关键问题是，是不是仅仅满足于将制定好的教学目标一一落实就万事大吉了呢？恐怕问题还不是那么简单。一节真正有效的课，关键要着眼于学生潜能的开发，强调内化过程，实现教师的教学目标和学生的学习目标、发展目标的协调一致。因此，教师备课中总要有一个思考的核心点：这节课，我将使我的学生在哪些知识点、能力点、情感态度价值观上有所发展？学生的发展目标越清晰，教学成功的概率就越高。需要注意的是，学生千差万别，强调其发展目标也不是理想化地要求一刀切、一锅煮，齐刷刷齐头并进。而是要时刻关注个别差异，设计不同目标，提出不同要求，做到有的放矢，因材施教。在备课时，教师要因人而异地设计教学环节，做到扬长避短、分类指导。针对学生的差异设计不同层次的问题，使能力较强的学生发展了思维，能力中等的学生掌握了方法，能力较差的学生产生了兴趣，使不同层次的学生都得到相应的提高。同时，还要分层次设计练习和作业，通过分层练习，各类学生学有收获，调动学生的学习主动性。这就对教师的“备学生”提出了更高的要求。

设计活动方案。教师们在备课中，要以学生发展为本，树立学生主体的思想。学生主体的集中体现，是丰富多彩、行之有效的课堂活动。很多教师备课时只注重知识的罗列，甘愿做参考书的搬运工，将教参上的内容原封不动地打包挪至备课本上，却忽略了具体的对学生活动的安排，或者有了一定的活动安排，但对活动形式、活动次序缺乏全盘的精细的考虑，依旧难逃教学低效的陷阱。备课中要有自学环节的设计，要有质疑环节的设计，要有学生讨论环节的设计，要有学生表述自学成果的环节设计……要找到学生喜欢的活动方式，要充分发挥学生的主体作用，给每个学生独立思考的空间和自我表现的机会，使学生在宽松、民主、和谐的氛围中，积极参与学习，变接受式的学习为自主、探究式的学习。活动方式要寻求变化,不能跌入一成不变的套路化的模式中，否则容易造成学生兴趣的丧失。

总之，一次好的备课，一定是在对学生有深度研究的基础上完成的。

别做听课的“摄像机”

作为一名青年教师，听课是必不可少的。听课既是教研的需要，也是教师专业成长的需要。通过听课，教师间可以进行业务交流、切磋、互动；听不同科目的课，可以跨学科交流，促进优势互补。听课往往还与评课紧密地联系在一起，共同构筑教研活动的有机部分。但听课听什么，如何高效听课，仍然是困扰许多青年教师的问题。

乱象一：三心二意。执教教师在上头“激情飞扬”，有的听课教师在底下“开小组会”。还有的老师“一心多用”，时而听课“速记”，时而“耕种自留地”——或改作业，或写教案，有的甚至中途溜之大吉。

乱象二：只做看客与听众。有的教师做听课笔记时，只记一些大的教学环节，大多数时候只当一名忠实的看客与听众，而没有更多的思考。

乱象三：功利色彩浓厚。学校一般都规定教师每学期的听课数，量化、评优、晋职等都与此挂钩。毋庸讳言，平时的听课有些是被动的，许多老师去听课只是为了完成任务。抱着这种功利的心态去听课，听课的效果肯定是大打折扣。

听课是一项艰苦的脑力劳动，有上述行为的教师很难在听课中有

说课要避免纸上谈兵

为了更准确地了解授课教师的备课思想，在开展听评课的过程中常常会要求讲课教师对教材、教法、学法、教学目标、教学过程等因素加以简要阐述，谓为“说课”。说课本是与讲课紧密联系在一起密不可分的，但时下却流行起说课比赛：不用进入真正的课堂，参赛者围绕对一节课的设想进行纯口头的演讲，以期展示教师先进的教育理念和高超的教学设计能力。

这与纸上谈兵的故事何其相似！

战国时，赵国名将赵奢的儿子赵括，在年轻的时候，就读过不少兵书，常常在人们面前谈论作战用兵的事情，即使父亲赵奢也难不住他。很多人认为他很有才能，但是他父亲却认为他夸夸其谈，不能承担重任。有一次，秦国进攻赵国。赵国大将廉颇采用了修筑壁垒坚守的方法。后来，赵王听信了秦国散布的流言，以为廉颇年老懦弱，不能抵挡敌军，就改派赵括代替廉颇。赵括到了前线，死搬兵书上的教条，完全改变了廉颇持久抗战的计划。秦将白起听到这个消息，非常高兴，便用计先截断了赵军的运粮后路，然后把赵军团团包围。赵军粮绝，赵括企图突围，被秦军一箭射死，四十多万赵军尽被歼灭。

赵括只会夸夸其谈，空谈兵法，一旦上了战场，只有一败涂地的份儿。那么我们这些说课教师呢？面对评委“眉飞色舞”，一旦真正走上讲台，又会如何呢？

说课，本来是评课中的一个环节，通过授课教师的介绍，有利于其他人对执教者的教学实施情况与学生学习情况进行全面公正的把握和评价，从而达到共同提高的目的。这种说课无论是对执教者还是听课者都有好处，不失为一种教学研讨的好形式。但说课一旦从上课中剥离出来，成为一种独立的教研形式，就值得商榷了。

说课的独立方式大多是以比赛的形式出现。既然是比赛，就要追求名次，这无可厚非。但由于说课比赛时并不需要学生的参与，所以难以达成的目标可以在说课时达到，难以实施的环节可以在说课时实施，难以回答的问题可以在说课时提出，难以组织的活动可以在说课时安排。反正又没有学生，无法检验，说得过头点也没关系。只需体现说课者先进的教学理念、新颖的教学安排、独到的教学设计就行。说课不需要课堂教学进程的调控，也不需要实现师生互动的教学机智，可以单凭三寸不烂之舌在“伯乐”面前将理论与实践进行“穿鞋戴帽”。更有甚者，有的教师请来高手捉刀，撰写出“剧本”，反复背诵也能取得好结果。造假的教育科研活动很容易败坏教育科研求真的精神。之所以教育部门也要搞“说课”，是因为这种教育科研活动的组织形式时髦也省事。在这种情况下，“说课”比赛便被异化为作秀的舞台。如果谁想将这种近乎完美的东西拿到自己的教学中去实施，肯定会碰钉子。其实，教学最讲究一个“实”字，来不得半点花架子，如果这种理想化的甚至是作秀的东西在比赛时得到肯定，这种比赛还是别搞或少搞的好。

说课本应该是一种教学研究活动。教学研究不仅要研究教师的教，更要研究学生的学。可说课比赛却把课堂的主人——学生撇在一边，关起门来搞起了教学研究，这就更是纸上谈兵了。虽然说课者说课时有关于学情的分析，可那仅仅是一种分析而已，完全无法和教学中千变万化的实际情况相比。在实际教学中，教师必须根据学生学习的进展情况随时调整自己的教学安排与设计，以保证教学的顺利推进。新课程提倡教师教学前应有“预设”，教学中应注意“生成”，就是这个道理。因此，教学中也最讲究一个“活”字。但说课比赛，将这种“预设”和“生成”机械理解，完全忽视了课堂中的不确定因素，显然是对课堂教学的一种僵化的理解。

在教学实践中研究教学，这种研究才具有生命力。说课比赛时说课者说得再好，毕竟只是纸上的东西，没有经过实践的检验，也就丧失了应有的价值。这样的活动搞多了，对教学弊大于利。对教师而言，最重要的专业素养应该是实践智慧，“说课”不过是提升教师实践智慧的一个手段，考查与评定教师时更应关注教师的实践智慧。纸上谈兵式的老师不见得就是优秀的教师，纸上谈兵式的说课教研活动要适可而止，我们需要的是能提升教师实践智慧的教育科研活动。

对于说课要作具体、实际的分析，它作为一种形式，对教学教研确实有一定的互补作用。如果将它和备课、上课等活动结合起来，就可以更好地发挥它的效能而弥补其不足，同时也可以全面地考量一个教师的实际教学能力。所以，要警惕说课在教学研究中的形式主义与功利化倾向，千万莫让说课因为过分强调纸上谈兵而成为当前课程改革中的一场时髦秀。

公开课要立足于提供研究的样本

公开课一直饱尝争议。其根本点就在于公开课中越来越多的虚假成分。有人将公开课喻为表演课：在公开课上，课堂成了教师的“T型台”，教师们精打细算地利用有限的时间，想方设法地尽显自己的风采。公开课“热闹非凡”，越来越好看。学生“热火朝天”，教师“热血沸腾”。形式多样，内容繁杂，活动频繁，对话流畅，甚至不惜作假，来打造一场华丽的演出，这与常态课有天壤之别。这样过头的做法，似乎讲课是为了给听课教师讲、给听课教师看，学生不再是公开课受益的目标，而纯粹成为包装讲课教师的“道具”而已。

是不是公开课就没有价值了呢？实际上，任何事情都有两面性，当我们都在批判公开课的严重作秀，批判公开课的作秀坏了教师的名声、坏了正常的教学秩序、搅乱了教学行为的时候，不可否认的是，公开课在加强教学研究、促进教师专业成长方面仍然有着不可低估的作用。北师大教授肖川在《公开课与常规课》一文中指出：

不能因此否认公开课的价值。公开课可以起到示范、观摩，为教师培训提供鲜活的教学案例，发现和培养教学新秀、展示教学探索的成果，为上公开课的教师的自我反思提供镜鉴和契机等作用。

可见，公开课最大的价值在于：为教学研究提供鲜活的样本。

公开课的关键在于“公开”二字，公开的目的就在于供大家研讨和分析。那么，一个教师讲了一节公开课，他公开的是什么呢？从表面看，无非是具体的教学内容及呈现内容的过程和方式。我们许多的公开课后的评课都会紧紧围绕这些内容进行。如果只限于此，那么，公开课的价值会大打折扣。上公开课也好，评公开课也好，虽然我们面对的都是一堂课，但我们的着眼点却应该是一个比课更大的教学单位。那就是从一节课的具体教学内容安排及呈现内容的过程和方法中，找到其蕴含的设计思想，并对这种思想加以评价。评课的“评”字，主要不是对这堂课得出一个好或不好的结论，而是评价这堂课的设计思想好或不好，以及寻找到具体的修正方案。这才是开展公开课的真正价值。如果我们就这堂课上这堂课、看这堂课，我们注意到的就很可能只局限在课堂的组织形式、教学的手段及步骤等这些操作层面上的东西，却没有找到其本质的价值，即这些操作方法所要达到的目的。

这就能给我们几点启示：看公开课主要看它的设计思想以及设计思想的具体运作；这种运作的主体实际上是学生而不是老师，所以我们说公开课主要看学生在干什么，而不是看老师在干什么，或者说是通过看学生在干什么而看老师干什么；评课的重点不在上课的人而在课本身。虽然听课是考察一个教师教育教学能力和基本素质的重要形式，但评课不是评人。

利用好公开课这个“样本”,对课堂教学的相关问题进行深入探索，是开展教研活动的一种重要形式。既然是“样本”，关键就在于体现一定的教学思想，能为我们的研讨提供相应的话题。这个样本未必追求尽善尽美，即使是一节并不成功的课也没有关系。由一节课而引发出对教学问题的深入思考，公开课也就实现了应有的价值。贺克春在《公开课应拒绝“完美”》一文中曾对这个问题有过具体阐述：

公开课不拒绝漂亮，但不刻意追求漂亮；公开课应该拒绝“完美”，拒绝“作秀”。“完美”“作秀”的课总是掩藏不住其作假的成分，因为一堂真正意义上的公开课永远会有遗憾。那种经过反复操练近乎完美的公开课，于学生有何帮助？于听课者有何启示？于自己又有何裨益？我们应该拒绝那种“完美”！与此同时，评价者也不应对授课者求全责备，用一把把面面俱到的固定尺子去衡量他。所以，使公开课常态化，还其教学研究的本来面目，应该成为大家的共识。

可见，要特别注重对公开课价值的利用，不能粗暴地将公开课当作无用的“垃圾”扫地出门，要克服公开课的竞赛功用，强调研究性能，突出其常态化的开设方式，真正还给其引领、示范、借鉴之功效，借以挖掘教育的本质规律，为教学实践服务。

学会写教学后记

学校经常鼓励教师们撰写教学后记，有的学校在教案设计中专门设置了“教学后记”一栏，目的在于要求教师在课后进行必要的反思和总结。但是，很多教师常常以工作琐碎、繁忙为借口，视之为一种任务和负担，即使完成了，也是未经过认真思考的信笔涂鸦，起不到教学后记应达到的作用。实际上，我们每进行一个教学行为，多多少少都会有一些感想与体会，有时甚至是影响教学水平突进的顿悟和灵感。如果我们把每天所感、所思以文字的形式记录下来这该是多么巨大的教育财富！正如叶澜教授说：“一个教师写一辈子教案不一定成为名师，如果一个教师写三年反思，却有可能成为名师。”

教学后记不是教师备课时预先对教学设计和学习状况的理想设定，而是通过对教学实况的回顾与反思及时生成的小结性文本，因此，教学后记通常是写在课后而不是课前。教学后记未必是对完整教学设计和整个教学过程的全面包容和涵盖，而是对某个教学步骤、教法技巧、教学灵感、突破创新、课堂反应甚至个别学生学习表现的点滴描述和反思。

撰写教学后记要强调四点：

一是趁热打铁。课上发生的一些情况，教学过程中的一些灵感，会随着时间的推移而淡忘，因此，教学后记要强调及时性，如果事过境迁之后再去追忆，效果就大打折扣了。

二是删繁就简。教学后记不是言之无物的长篇大论，也不是肤浅琐碎的流水账，而是透过课堂上的某一环节的表象，如课堂的导入、讲课中的语言、操作要领的叙述、对学生的指导等，找出内在的规律，进行初步归纳和取舍，将成功与失败扼要记录下来，因此要言简意赅，力求精辟。

三是突出重点。不能眉毛胡子一把抓，处处都写则等于处处不写，写教学后记也要讲究目标明确，重点突出，对自己渴望进行的教学尝试和探索，要多记录、多思考，从中吸取经验教训。

四是抽其要义。对于日积月累的大量教学后记材料，要进行归纳总结、概括，从中吸取经验教训，以便摸索教学规律，不断提高教学质量。

撰写教学后记对提高教师教学艺术的作用是显而易见的，但在日常教学工作中，不少教师感到教学后记无内容可写，往往流于形式，敷衍了事。关于教学后记的内容，论述非常多，归纳起来，大致包括以下这些方面：

记教材挖掘情况。通过教学，检查一下自己对教材的理解程度，教材编纂的意图是否摸清，是否透彻地了解了教材的知识结构，是否准确地把握教材的重点、难点，教材内容层次有没有分清。

记教学目标完成情况。通过教学后记检查教学中有没有把教学目标贯穿课堂教学始终。目标的制定是否合理，复习、讲解、练习是否围绕教学目标进行，目标达成度如何。

记课堂结构是否合理。主要看复习、导入、自学、讲解、练习等几大部分的设计和时间安排是否合理、最优化，是否以学生认识事物的心理结构为依据，发现问题，及时调整。教师活动与学生活动所占比例是否恰当。

记教学方法是否灵活多样。是否采取多种方法，激发、培养、调动学生的学习兴趣，所采取的教学策略是否受到学生欢迎，是否使学生轻松完成学习任务，是否使不同程度的学生都有发展。

记学法指导情况。是否注重教会学生学习，是否指导他们如何认识掌握新旧知识之间的内在联系，克服思维定式，是否指导学生找准新旧知识之间的衔接点和发展点，创造良好的学习方法，是否着力培养了学生举一反三的能力。

记因材施教情况。是否考虑到学生的实际情况进行教学，是否承认并尊重学生的差异，是否打破了一刀切、一锅煮的整齐划一的教学思路，在教学策略的选择上是否注意分层教学，使不同程度的学生都得以发展。

记学生课堂状态。学生是否表现出积极的态度、旺盛的精力、饱满的热情，是否积极参与课堂活动，是否乐于合作、乐于表达，是否有创见性的观点诞生。

记重难点是否突出。主要看在教学过程中，重难点所处的地位和所占据的学习时间是否合理，难点的突破是否具有细致的可操作的设计方案。

记教师主导作用和学生主体作用的发挥情况。在教学中，教师是否发挥自己的才能，运用各种手段、方法，充分地调动学生学习的积极性、创造性和主动性，启发引导，配合默契，使教与学的双边活动顺利地开展。

记教学问题的设计。课堂教学问题的设计是否调动学生的学习兴趣，所设计的问题是否把握在新旧知识的衔接点上，是否围绕教学内容的重难点，是否符合学生的学情，题量是否适中。

记作业的设计。所设计的练习、作业是否针对教学的重点和学生学习中可能出现的薄弱环节，是否具有一定的梯度，是否做到了由浅入深，由易到难，梯度合理。

记课堂的成功与失误。是否具有充满吸引力的课堂导入、有趣的对话、典型的案例、逼真的演示、巧妙的设问、幽默的讲解、成功的临场发挥、独到而有特色的小实验、传神的体态、奇妙的方法、有益的启示以及精彩的教学设计和授课片段、恰如其分的多媒体应用等，这些课堂教学的成功之处；是否出现表达含混、处理欠妥、方法陈旧、演示失败、指导不力、知识性的错误以及教案与实际脱节等，这些没有提前预料到的课堂失误。

记课堂的随机应变。在教学过程中是否有突发事件发生，教师是否采取了机智灵活的应对方法，处理是否恰当，是否为今后类似事件的处理提供了借鉴。

一名教师若要成长，就必须反思自己的教学。写教学后记是促进教师反思的有效方式。“问渠那得清如许，为有源头活水来。”只要我们善于发现，勤于动笔，相信课堂上的“活水”会源源不断。

强调“对症下药”，而非“对牛弹琴”

研究的目的是服务教学，因此，强调对症下药非常重要。不论问题来自哪里，必须是与教师的教育实际相结合的。教师要根据课程改革的目标，结合学校和个人的实际情况，选择和确立研究的方向和领域。结合日常教学活动，围绕某一典型案例或教学细节，用新课程的理念和观点进行剖析，这样，教研就不再是简单的备课，而是研究问题。这个问题的研究结果，最大价值的表现就是解决了教师在教育实践中面临的难以解决的困难。

但是，很多教师却犯了对牛弹琴的毛病——所要研究的问题并不符合自己的实际，因为离工作太远，因而没兴趣、没动力，却要硬着头皮做下去，把这种研究当成了一种沉重的心理负担，始终抱着应付差事的态度来做，哪能取得预期的效果呢？当然，诟病的源头往往在于管理者。我曾见到过某所学校，校长信誓旦旦地要进行教学改革。但没有经过深思熟虑和科学的考证，也没有征求老师和学生的意见，去了一趟山东杜郎口中学，就死搬硬套地将杜郎口中学的开放课堂模式引入本校，以为这样就能够迅速变成像杜郎口中学一样，借此提升学校成绩。面对老师们的不理解，不配合，校长一意孤行，强硬地将教室的课桌和黑板变成了“杜郎口模式”。结果，由于班级容量过大，教师缺乏对杜郎口教学实质的认识，学生缺乏两种上课方式转化的过渡时间等问题，实验很快便败下阵来，教学秩序一团糟，教师和学生怨声载道，甚至发生了学生家长的上访事件，结果，教改实验不了了之。显然，这个研究问题的选择就犯了对牛弹琴的毛病。

学校内部开展研究，目的在于修炼内功，在于最大限度地消除内部存在的教育教学矛盾，实现教育教学行为的最优化。之所以有的领导或老师犯下不对症下药的错误，往往是由于把教研问题无端升格，把本应该塌下心来琢磨的事儿，上升到做样子给人看，以求向上级邀功或赢得虚无的口碑。由于研究的定位出现了问题，不顾实际地进行研究，而且必须一“研”即成，一“研”即出成效，或者跟随潮流而动，外界流行哪些教育经验，便迅速效仿、迅速见成效。挣回了荣誉，获得了表扬，这就足矣，早把当初的教研内容抛之脑后，不闻不问了。这样的做法显然是违背教育规律的，最终受害的还是教育本身和投身其中的教师。

我见到过浙江义乌江滨小学吴庆红老师写的这样一段文字：

我发现在当前的作文教学中存在以下现象：第一，将无作有，编造事实。为了写作文，有近六成的学生编造过父母或亲属伤亡、捡到贵重物品等事件，将不是自己亲身经历的事，堂而皇之地冠以第一人称；不是自己亲眼看到的景物，大大方方地收入自己的视野；自己生活中根本不存在的人，无中生有地成为好友。第二，为作而作，虚情假意。据了解，有近65%的孩子厌恶上作文课，怕搞活动，怕过假期，其原因就在于一课、一动、一度假都要交作文。孩子游玩时被习作纠缠，难以放开心怀，又缺乏真实感受，只得套写几句；有的孩子认为作文是写给老师、家长和同学看的，不便写真话，因而，造成了情感的波澜和起伏，在作文中说空话、说假话。第三，为考而作，急功近利。大部分孩子接到作文任务后的第一个念头就是怎样尽快地写完整、写得长些、写得整洁些，重视练就一套应试功夫，也就轻视了文章的内在质量。第四，对学生作文的期望值过高。老师常常要求学生当堂完成，强调文学创作技法、字数等，导致一些孩子对作文课望而却步。造成这些现象的原因何在？

我觉得，主要在于当前的作文教学忽视了“以人为本”的教学理念。孩子的习作应以其内蕴的纯真、童趣和鲜活为“本”。“本”是孩子习作的价值取向，与那些装腔作势、矫揉造作的作文截然不同。然而，相当一部分孩子的习作正缺少这种“本”汁“本”味……

针对孩子缺“本”的现状，作文教学应当何去何从？

我越来越觉得，应该让作文教学回归本体，教师在指导作文时应该做到放文、放情、放形。

从这个案例可以看出，吴老师在教学实践中深深意识到作文教学存在着问题，并且这些问题来自对作文的不同理解和认识，反映了不同的教育理念，于是对这些问题进行了汇总与梳理。在对这些问题做系统整理的过程中，研究的问题也就逐渐浮出水面了。如此呈现出的研究问题，自然与教学实践紧密结合，因为接了地气而有了价值！

脚踏实地，不好高骛远，永远是做好教学研究的基本规则。

寻找自己的“短板”

我们很多年轻老师都听说过木桶理论。所谓木桶理论，是说木桶的储水量是由该木桶的最短的那块木板确定。这是不是废话呀？这么浅显的道理，难道还需要谁来指出吗？而且还夸张地作为一种什么“理论”？可世界上的事情往往就那么怪，许多简单的事实摆在面前，许多简单得不能再简单的道理看似谁都明白，可人们往往会忽略或轻视它的存在。这犹如安徒生的童话《皇帝的新装》，谁都看见了皇帝没有穿衣服，可没有人敢指出来，那位幼稚的小男孩口无遮拦，莽撞地指出了事实真相，让在场的许许多多见多识广成熟得不能再成熟的成人一下子变得不成熟起来，小男孩瞬间成了真理的化身。这个事例说明，世界上有许多事情，只要你去面对它真实的一面，就会探讨出真理，如果你回避那块真实的短板，你就始终处于迷糊之中，不可能寻找到真相，也就不可能得到成长和发展。

同样，作为教师，影响我们专业成熟的因素很多。其中，必然也有阻碍我们发展的短板。有些老师采取回避的方式显然是不明智的。只有寻找自己的短板并想办法进行修补，使其不断加长，才能保证自己的不断提升。

那么，到底哪些因素是你的短板呢？你可以按照以下列举的内容对号入座，找到自己的问题所在。

——理论知识准备不足。教育理论素质欠缺，导致我们不能透过现象看本质。虽然在读师范类课程的时候，学过教育学、心理学等相关的知识，不过大多已经还给了自己的老师，而且，由于过去所学的知识过于陈旧,很多东西已经难以与新的形势相适应。理论知识的不足，导致部分教师的工作只停留在忙忙碌碌的肤浅的表面，缺乏实质性的对教育的真知灼见，因此制约了一个教师的发展。

——学科知识不充分、不扎实。不论教什么学科，对本专业的知识是否融会贯通，是一名教师能否站稳讲台的重要基础。在听课的过程中，不难看到有些年轻老师给学生讲解习题，结果“把自己挂在黑板上”。之所以出现这样尴尬的情形，原因就在于自身专业知识的不充分、不扎实。在中学教书经常会发现一个怪现象：很多老师从初一开始教，教到初二结束，就被学校做了调整，不让继续跟初三。这是为什么？是管理者有偏见吗？未必，说白了，就是因为这些老师往往缺乏对本学科知识高屋建瓴式的认识，缺乏系统性的掌握，一进入初三阶段，需要老师对三年的知识有一个整体把握的时候，就力不从心了。优秀的教师之所以在教学中游刃有余，并非其有多么高明的教育技巧，而是由于对知识本身的准确把握，使其驾驭起教学来才能随心所欲、轻松自在。

——不善于反思，不会总结教学经验。教然后知困。反思就是对我们自己的整个教学过程进行回顾、分析和审视，反思是围绕我们的教育理念、教学过程、教学方法等，总结教学的得失与成败，从而优化我们的教育教学行为。有句名言说：“不对教学经验进行反思，20

年的教学经验，也许只是一年工作的20次重复，除非善于从经验反思中吸取教益，否则就不可能有什么改进。”只有不断地反思，我们才能在新课改的实践中不断积累经验和智慧，逐步成长为一名有思想的教师。反思是教师成长的必经路程。可惜，有些老师，只忙于“低头拉车”，却不知道“抬头看路”，没有养成自觉反思、自觉总结的习惯，付出了大量的心血却事倍功半，甚至一事无成。

——合作意识不强，不能借助于其他力量发展自己。一个成功的教师，应该是一个善于合作，尊重同事，尊重领导，善于调动帮助他成长的各方面因素的教师。有不少教师个人素质很好，但缺乏合作精神，与别的教师斤斤计较，这样的教师不会有多大的出息。对这些教师而言，缺乏合作精神，过分注重个人奋斗，就成了影响其发展潜力的障碍。

……

当然，影响一个教师成长的短板究竟在哪里，每个人的情况不同，只有通过自己认真的自我审视，或者需要周围领导、同事，甚至学生的剖析才能准确找到。那么，如何在教育过程中不断加长自己的那块短板？一粒谷子和一堆谷子的故事可以给我们以启发：

老师问：一粒谷子是不是谷堆？学生答：不是。老师问：两粒谷子呢？学生答：不是。老师又问：三粒呢？学生答：还不是。教师再问：……那么，十粒呢？学生犹豫了，有人觉得应该回答“是”了。

从九粒到十粒，只增加了一粒，怎么就成了谷堆呢？ 哲学把这样的现象叫作量变与质变，并提醒人们不要忽视量变，因为量变到一定时候就是质变。我们在教育过程中，总是不断进行着提升自己的行为，譬如教学实践、教学研究或阅读写作，这些行为本身都存在量变与质变的关系，如果没有一定的量作支撑，是不可能有教师思想与行为的质的变化的。坚持做下来，起初看似没有任何变化，但久而久之，就形成了教师行为与成长变化的过程，就如同一粒谷子变成了一堆谷子。

找到短板，正视短板，修补短板，是一个优秀教师必须坚持不懈的一项工作。

做个有个性的教师

记得有一位教育家说过：在教学中，一切都应当以教育者的个性为基础，只有个性才能影响个性的发展与定型，只有性格才能培养性格。

21 世纪是创新的世纪，是尊重个性、张扬个性的世纪。个性孕育了创新，创新展示了个性。独立的人格，独特的个性，独创的精神是未来一代生存的基本素质。

《中国青年报》曾发表过一篇题为《一位语文教师毁誉参半的教改实验》的文章，报道了青岛市一位高中语文教师王泽钊教改屡撞南墙的事。王泽钊老师认为“课文没几篇有人文价值的”。他进行改革，自编《新语文》。相当多的古今中外文学作品精选其中，有鲁迅、巴金，有海明威、卡夫卡；有池莉、北岛，甚至还有学生的优秀作品。他鼓励学生在高三读《庄子》《史记》《追忆似水年华》《尤里西斯》。他的学生上课不要起立。他的课堂可以在崂山风景区，可以是唇枪舌剑的辩论会。他的语文课走进了音乐、走进了摄影、走进了美术……他的学生对他的最真切的评价是“博学”“幽默”。就是这样的老师，因为与学校的现行管理不协调，18 年被调换了 4 次学校，王泽钊老师矢志不渝，无怨无悔。“就是撞到南墙也不回头”，执着地追求自己的教育理想！

一个有个性的教师是特别难找的！王泽钊老师就为我们展现了个性教师的魅力。我们的教育呼唤个性的张扬，教学呼唤个性化的教师，如果一个教师没有教学个性，那么他的存在、他的作用都是有限的。有教学个性的老师，他的课堂总是能够体现出一种独立的思考意识，展现自身所蕴含的丰富学养，就能够不断地吸引学生，展现无穷的魅力；反之缺乏教学个性的老师，就如同读一部平淡无奇的作品，看毫无新意的表演，这样的课学生又怎么会有兴趣听下去，又怎能产生良好的教学效果呢？

一位优秀的教师，首先应当是一位思想者，是一位有着高度自立意识的思想者，是一位创新者，他总是能够打破常规，能够匠心独具，别出心裁，能够不断掀起课堂的高潮，能够让课堂充满着生机与活力，能够看到一个个鲜活的生命，跳跃的思维，闪动的灵魂！

有个性的教师绝不会人云亦云，他们有自己的头脑和独特的思想，他们开放、自信而叛逆。他们具有开放性，知识的开放与思想的开放使他们能够适应不断变化的教学，对教学内容和教学手段进行积极的探索，不断更新教学理念，能够通过多种途径获取最新的信息；他们充满自信，笑对人生的挫折与磨难，积极投入竞争激烈的时代洪流，充满着教育的理想，不满足于现状，坚信通过自己的努力定能获取成功；他们富于挑战，不盲从，不唯上、不唯书、不唯人，只唯实、只唯真理，有批判精神和进取心。

一个缺乏个性特色的教师，也培养不出学生的任何特色。相当一部分年轻教师，有想法不敢坦露，有异议不肯表达，在权威面前唯唯诺诺，甘为“墙头草”，还谓之为“谦虚谨慎”，殊不知，个性的缺失直接影响了学生的培养和发展。

人们常说，教学有法而无定法。我们不难发现，受学生欢迎的，教学效果好的教师，都有自己独特的风格，都有自己的特色。他们的教学，符合所教学科的特点和教学规律，能激起学生的兴趣，调动学生的学习积极性。是的，教师所教的每一堂课都渗透着我们对教材的钻研、对学生的了解、对教学内容的设计、对教学过程的监控。而这一切又取决于教师个性，教师的个性差异决定着如何去实施这些过程而形成自己的教学特色。

我们常叹羡于名师的课堂。名师之所以能成为名师，总有他独特之处，新的教育理念，纯熟的教学技巧，独特的教学风格，所幻化出的教师魅力，让人赞叹不已，回味无穷。

当然，教学特色的形成非一朝一夕，有一位老师曾这样论述：

一个教师要形成特色的教学风格，第一，要有坚实的专业知识，没有厚实的专业知识积淀，是不可能在教学中厚积薄发、处处得心应手、左右逢源的；也不可能创造性地开展教学工作，形成自己的教学特色。第二，要有“杂家”的角色意识。要使学生信服，教师必须在信息量上盖过学生。在信息技术时代，知识翻新速度之快令人瞠目结舌，要有捕捉、判断和处理的学习与创造能力。只有不断吸收各类信息，才能不断吐故纳新，才能适应当今的教学，才能满足学生的需求，使课堂教学充满生气。第三，要有博采众长的气度。要形成风格，必须博采众长。“三人行必有吾师”，向同行学习，向他人学习，取长补短是明智之举。如果故步自封、孤芳自赏、夜郎自大，则必然妨碍自身发展，难以独树一帜。第四，要有不拘于时的胆识。要形成独特的教学风格，要充分发挥自己的特长、个性，大胆地去思考、去探索，只要有利于提高教育教学质量的办法都可以去尝试；至于别人的方法、经验，只有和自己的实际相结合，才能形成自己的风格。第五，要有良好的精神风貌。要注意情感投入。一个有特色的教师，无论上什么课，都应让学生可亲、可敬、可信，愿意和老师神交，乐意听你的课。一个教师，是否有特色，最有发言权的也是学生。所以要多征求学生的意见和建议，多倾听学生的心声，不断改进教学方法。

思想是行动的先驱，是一个人的灵魂，特别是教师从事教书育人的工作，每天和学生进行心与心的交流，如果没有正确的教育思想指导，他的行为就是盲目的、随意的，甚至是错误的，他的教育活动产生的效果就有可能是低效的、无效的，甚至是有害的。因此，每个教师首先应该有自己所推崇的教育思想。苏霍姆林斯基的教育思想是培养全面和谐发展的个性，陶行知的教育思想是生活教育理论。这些理论是他们独创的，作为一个普通老师，我们很难达到那样的理论高度，但我们可以根据自己对教育的理解，从人类教育思想宝库中选择我们信奉的理论作为我们行动的指南。

也许我们成不了思想家，但我们可以形成自己独特的思想意识；也许我们成不了教育家，但能通过我们的教育培养出真正意义上的教育家；也许我们永远默默无闻，成不了名人，但我们却可以培养出各条战线的精英，也许……太多的也许让我们一往无前，义无反顾。当我们的教师都成为个性鲜明的教育艺术家时，我们的教育天地才会万紫千红、生机盎然。

追求教学的风格

很多老师苦恼于自己的课堂太过平庸和平淡，觉得自己费心费力地去教课，但却不能得到学生的热爱和拥戴。这里面固然有各种各样的原因，但一定与这些老师的课缺少特点、缺乏风格有关。

回想我们当初上学的历程，在众多的老师中，你到底记住了哪些老师？一定是那些有自己特点的教师吧！

教学艺术的魅力往往与风格同在。特级教师斯霞“于质朴中见功夫”，魏书生老师“民主与合作”的语文教学，于漪老师“教文育人”，李吉林老师的“情境教学”，风格各异，各具特色。有风格的课堂才是美的，课程改革让我们有了更高的追求，也为我们个性化的追求留下了很大的空间，比如，追求教育的最高境界——教学风格。

雨果说：“风格是打开未来之门的钥匙。”不难理解，走向未来的成功，也必须去追求和形成自己的风格。作为教师，尤其是渴望成为名师的教师，当然应该毫不迟疑地用风格这把钥匙去打开教育的艺术之门。

很多年轻教师认为：我只是一个年轻教师，如果妄谈教学风格，会不会被人耻笑？被人扣上不够谦虚的帽子？殊不知，如果我们自以为步子小，就不敢憧憬远方，必然会错失很多风景。同样，如果我们连“风格”二字都不敢去触摸，风格就会永远对我们关上大门，教学也只能永远止于教学经验和所谓特色的层面。

风格并不神秘，有人将教学风格划分为以下几种：

——理智型教学风格：教师讲课深入浅出，条理清楚，层层剖析，环环相扣，论证严密，结构严谨，用思维的逻辑力量吸引学生的注意力，用理智控制课堂教学进程。学生不仅学到知识，也受到思维训练，还受到教师严谨治学态度的熏陶和感染。

——情感型教学风格：教师讲课情绪饱满，充满激情。讲到动情之处，往往是情绪高涨，慷慨激昂，滔滔不绝，扣人心弦，震撼人心，引起学生强烈的情感共鸣。学生所获得的不仅仅是知识的训练价值，还包括人格、情感的陶冶价值。

——幽默型教学风格：教师讲课生动形象，机智诙谐，妙语连珠，动人心弦。生动的比喻，开启学生智慧之门；恰当的幽默，给人以回味和留恋；哲人警句、文化箴言不时穿插其中，给人以思考和警醒。学生心情舒畅，获得一种心智训练。

——技巧型教学风格：教师讲课时各种教学方法、技巧信手拈来，运用自如，恰到好处，丝毫不带雕琢痕迹。课堂教学环节过渡自然，搭配合理，有条不紊。无论是讲解和分析，还是提问和练习，都能照顾到学生的心理特点和接受能力，体现出教师对知识重点难点的准确把握。

——自然型教学风格：教师讲课亲切自然，朴实无华，没有矫揉造作，也不刻意渲染，而是侃侃而谈，娓娓道来，师生之间是在一种平等、协作、和谐的气氛下，进行默默的情感交流，将对知识的渴求和探索融于简朴、真实的教学情景之中，学生在静静的思考、默默的首肯中获得知识。教师讲课虽然声音不高，但神情自若，情真意切，犹如春雨渗入学生的心田，润物细无声，它虽没有江海波澜的壮阔，却不乏山涧流水之清新，给人一种心旷神怡、恬静安宁的感受。

教师可以根据自身特点，逐步摸索，找到追求的方向。当然，形成教学风格是个很大的话题，作为年轻教师，不能急功近利，应该着力于扎扎实实地做好眼前的事，这是形成自身风格的重要基础。在追求教学风格的过程中，应该强调四个“避免”。

避免不良风格：在教学实践中，经常发现有的教师在教学上有自己的特点、有自己的风格，但不是良好的、健康的。例如，个别教师讲课时总喜欢“海阔天空”，形成一种华而不实的格调；有的常常喜欢“谈家常”，形成一种散漫的格调；有的则常常穿插一些不够高雅的“噱头”，形成一种俗气的格调；等等。这些都是学生不欢迎的，也与教学要求相悖，应该避免。

避免盲目追求：教学风格并非衡量教学成就的根本标准。评价一个教师的教学有没有成就，更要看他的教学是不是贯彻和遵循了国家的教育方针和教学原则，达到了既定的教学目的，成功地调动了学生学习的积极性和主动性，促进了学生的健康和智能的发展。如果教师离开了这一切，只是一味地、盲目地追求个人的风格，那他的教学肯定是不会成功的。

避免生硬模仿：我们不反对开始时对他人的教学经验，包括教学风格进行一定的模仿。但是，这种模仿绝不能是生硬的、照葫芦画瓢式的，而是从中汲取有益的成分，将其消化为我所用，并有所突破、有所前进，最终形成自己的特色。

避免风格僵化：一个优秀的教师，不应满足自己已经形成的教学风格，还要随时注意教学改革的新动向，不断地学习和总结，不断地提高自己的教学艺术，提高自己的审美情趣和个性品质，从而使自己的教学风格有所变化、有所发展。

于漪老师在 1996 年给贵州偏远山区一位中学语文教研员的复信中结尾有这样一段话：

我当了一辈子教师，教了一辈子语文，上了一辈子深感遗憾的课。我深深地体会到“永不满足”是必须遵循的信条。正如《浮士德》诗剧中主人公浮士德所说：“要是有那么一刹那，对我说：停住吧，你是多么美好！那时也就敲响了我的丧钟。”浮士德上天下地求索，经历了爱情的悲剧、事业的悲剧，什么都一场空，但是他没有灰心。最后，他在一块荒芜不毛的海滩上建立起人间的乐园，心里一片光明，情不自禁脱口而出：“停住吧，你是多么美好！”这一刹那，浮士德倒地死去。满足意味着生命的结束。

由此可见，锲而不舍，永不知足！这是优秀教师独特的教学风格与教育思想形成的关键所在。

要善于提炼教研成果

相对而言，我们的教师群体普遍具有不善表达的特性，我们总是沉默着工作，并把任劳任怨、埋头苦干、不言不语作为一个优秀教育工作者的标准之一。其实，就教师这个职业而言，由于占据着自己特有的课堂，实施教学行为具有自主性实质，就不可避免地产生了大量的与众不同的体验。这种体验，经过自身的思考加工，就可能成为别具一格的富有普适意义的教学真理。如果这一切只存在于教师的意念和自身的行为之中，并随着退休而消亡，不能对他人的相似行为产生借鉴作用，显然无异于浪费。因此，对教师而言，如果渴望能以自己的思想对他人产生影响，就必须学会立言，要主动地把自己的故事、自己的思考讲给他人听，这样，才能创造属于自己的生活世界。

从宽泛的意义上讲，能够把自己的经历和体会说出来，写出来，就是收获了教研成果。很多人之所以不敢奢谈教研成果，就是把教研成果想象成了郑重其事、高高在上、高不可攀的东西。其实，教研成果不仅仅包括专著、科研课题结题报告、长篇大论的科研论文，还包括教育日志、教育叙事、教学案例、教学反思等，这些东西篇幅短小，理论性不强，外在形态生动活泼、灵活自由，是教师完全可以信手拈来的东西，又有什么可畏惧的呢？

一个优秀的教师总是善于总结的。他们就是在记录纷繁复杂的教学经历中，不断思考和提升。相反，我们也见过一些教师，一提到写教学总结、写教学反思，头就疼得要命，拼命胡编乱造、应付了事。平时教学中遇到的那些鲜活的例子却了无踪影，平时教研中接触的新鲜观点去向不明。如此一来，教师便长期沦陷在枯燥和繁杂中，被职业倦怠擒获，创造力全部枯竭。

这是一件很可悲的事情。

拿起笔来，随时记录点滴的感受，总结成功的经验和失败的教训，聚沙成塔，集腋成裘，收获的不仅是教育的智慧，更是生命的光泽。

其实，文章就在我们身边，关键是我们有没有做个积累知识的有心人。在我们的日常交流中，在我们片刻的感悟中，都有知识、经验和学问。如果我们对这点滴的东西，进行日常记录，并利用闲暇时间加以整理，那么就有可能是一篇不错的文章。这也就解决了我们写不出文章，不得不剽窃的问题。况且，作为教师，抄袭、剽窃别人的东西总是自我感觉不太好的。

有一位青年教师这样谈到关于总结经验的话题：

我常常从学校的例会记录中，班级晨会的发言中，办公室闲聊中，班级日记的摘录中，获得启迪，并加以整理。时间长了，也就有了更多我自己的东西。这也许是人们常说的“做生活的有心人”吧。

我想，我们学校开展教研活动，给我们搭起了一个相互交流学习的平台。知识在这里发酵，智慧在这里酝酿，灵感在这里展现。如果我们在会上加以记录，会后有所选择地加以整理。那么，我们的感性认识就得以升华，成为我们自己理性的东西——而不仅仅是“我们说说而已”。

我想，如果我们想当一个生活的有心人，如果我们想当一个好教师，如果我们想在三尺讲台上有点成绩，如果想要一点自己写出来的东西，那么我的建议是：拿出我们的草纸，记下你我的发言和闲谈，记录你我的启迪和灵感（哪怕是只言片语）；然后花上一点时间（哪怕是一节课一上午的时间），进行整理。不论成熟与否，那绝对就是我们自己的东西（这就是我们自信心的源泉）。如果把我们的东西再加以交流，经过别人批判，那么我们就获得了“积”或“幂”的收获，就获得了长足的进步和质的飞跃。也许假以时日，还会插上腾飞的翅膀呢（这就是我们成就感的动力）。

这位青年教师给我们做出了很好的表率。作为年轻人，在日常的学习和工作中，多学一点东西，多记录一点东西，多整理一点东西，多交流一些东西，那么，我们每一个人都会获得更多的新的东西。

这不需要学校安排，不需要外在动力，行动起来，就会发现我们自己工作和人生的乐趣。

当然，教研成果总结出来，还要想方设法进行推广，这样其价值才能得到真正的体现。有些老师崇尚“沉默是金”，即使有了很好的想法和做法，甚至已经提炼出来写成了文章，也不愿意拿出来与大家共享，生怕不被周围的领导和同事认可。其实，教学研究本身就是一种摸索，只有在交流、碰撞中，真理才会逐渐凸显。因此，要学会借助各种机会，譬如经验交流会、教师论坛、校刊等，充分发表自己的见解，哪怕这些见解并不是十分成熟也没有关系，如此，我们自身的业务素质才会得以突飞猛进。

第五辑

懂得学习才能成长

借助事业成就自己

常见到一部分青年老师，工作没有几年，便牢骚满腹，总觉得学校领导对自己不公平：我的付出这么多，贡献这么大，成绩这么好，为什么各种荣誉和利益轮不到我的头上？说话间，俨然以不折不扣的功臣自居。

一个用心做教师的人，势必会给学校的发展带来影响。但是我们不能因此就认定是我们成就了事业。相反，应该牢记一个真理：是事业成就了我们。

可能有人会说：瞎掰，你看，我天天努力工作，备课，上课，批改作业，管理学生，我一直在奉献啊，怎么说我没有成就事业呢？没错，我们的确做了很多工作，但想没想过，这是我们赖以生存的“饭碗”？我们在完成必要的工作的同时，国家、人民也给了我们回报，那就是一份稳定的收入，一份虽不富足但却说得过去的生活。我们是倚靠在教育这棵大树下乘凉的人，是教育的浓荫给了我们清凉和惬意！正是依靠教育，我们在慢慢成长、成熟，教育让我们有了一定的社会地位和价值体现。

这样说肯定让一些同志心情不爽。可我们看看周围的现状，问题就来了：有多少教师，感觉自己被逼无奈才进了教育行业？有多少教师，没有丝毫创造地机械重复着固有的工作？又有多少教师，对工作得过且过，应付一天是一天，在没有目标、没有方向的状态中消耗着美好的青春？其中，不乏年轻者。

从这个角度说，我们还敢拍着胸脯说“我成就了事业”吗？

从小我们就接受理想教育，作为人必须要有自己的理想，有自己的追求，这样的人生才更有意义、更充实。可一到现实，为什么就碰得头破血流了呢？教师是个多么特殊的行业啊，如果我们是工人，我们的懒散和失误，最多造成一批零件的报废；而对学生而言，教师的懒散和失误，导致的就是他们仅有一次的童年、少年在我们手中浪费了，这是多么深重的罪孽啊。同时，由于懈怠和不思进取，我们永远湮没在事业的底层，丧失了被人认可的幸福感，也是多么可怕的事实啊！

因此，作为教师，我们要时刻问自己：我的目标是什么？教育这条路，我到底该走成什么样？是走一条不断上升的优美弧线，还是一条呆板的、缺乏变化的直线，甚至是一条模糊的虚线？教育生涯，是一次精神之旅，永远不要奢望在物质上极大丰富。江苏省特级教师管建刚曾经提出了“教师立身”说，他这样写道：

一个人有很多种活法，归根到底的哲学问题只有一个：精神立身还是富贵立身？我们知道南辕北辙的故事，它告诉我们选择方向的重要性，方向错误，你越努力，离目标也就越远。人，只有在选择正确的情况下去努力，才能做出成就。人生路上的选择，第一位的，不是做什么职业，而是问一问自己，你选择“精神立身”还是“富贵立身”？

选择了做教师，就是选择了精神立身，选择了做学问，选择了从学问中感受生活的快乐、教育的幸福，选择了在精神追求的道路上实现人生的价值。有的教师，这山望着那山高，总渴望能够跳出教育这个“泥潭”，寻找另一个更广阔的天地。人各有志，本也无可厚非，但现在毕竟还顶着教师的名号，就该把眼前的事情尽心做好。人们常说态度决定一切，如果一个人不能认真面对眼前的工作，而总奢望能够从容地面对新的岗位，几乎是不可能的。而且，天上不会掉馅饼，如果要掉，也是掉到有准备的人面前。如果我们在知识、能力、工作态度、工作业绩、人际关系上都不去积极应对，或许机会就越走越远了。

至少，我们也该有一种意识，借助教育这个平台，锤炼自己，提升自己，借助教育这个事业，成就一次无愧于生命、无愧于青春的人生之旅，无限风光，会在眼前次第绽放！

要敢于“木秀于林”

学校组织校本教研活动，需要有人做课件，以此作为教研的载体，可组织的人往往费了九牛二虎之力才能做成这件事。为什么？

老教师说：“你看我这么大岁数了，还有什么必要讲公开课？把机会留给年轻人吧！”

青年教师说：“我上课没什么经验呢，我就想好好学习，还是让我听听有经验的老教师的课，这样进步才快啊！”

为什么出现这样的言论？是我们的老师都不渴望优秀吗？显然不是。

俗话说，不想当将军的士兵不是好士兵。同样，不想当名师、不想成为教育家的教师也不是好教师。

没有任何一个人甘愿平庸，其实每个人心中都有一个梦想：在自己从事的行业中得到认可。这是人与生俱来的心理需求。但现实却复杂得多：在我们庞大的教师队伍中，总有相当一部分人庸庸碌碌、得过且过，做一天和尚撞一天钟，不思进取，不求上进，能简单就简单，能应付就应付，只要把事情对付过去就好，什么学生素质的培养、自我能力的提高，根本不必去想，越轻松、省事就越好。显然，这样的教师只是有个教师的名号，已不具备教师的实质，更别说优秀教师了。

问之，则曰：我这是淡泊名利，不愿意“木秀于林”，还是把机会留给别人吧！

好一个淡泊名利！这简直是教育的悲哀，这样的教师能培养出什么样的学生呢？可想而知。

想成为一名优秀的教师，必须要敢于展示自己的风采。特别是年轻人，应该有出人头地的抱负，应该有在某个学科成为带头人、领军人物的勇气和魄力。

教师生活在一个群体中，其工作绝对不是一个人的事。一个人的优秀不算是真正的优秀，能带动一个优秀的群体才是真正的优秀。因此，要努力扩大自己的影响力，不仅影响学生，也要影响周围的同事。你的品格，你的工作态度，你的工作方法，你的工作业绩，都能给人以震撼，要努力让自己成为大家追随与学习的榜样。做默默耕耘的“老黄牛”自然值得称道，但做能带领同伴走向水草丰茂的广阔天地的“领头羊”更值得推崇。

首先要善于表达自己的思想。能做不说固然不错，但能做能说才更为可贵。一个人能在多大的场合发表言论，证明这个人有多么大的影响力。教师行业最不提倡“茶壶里煮饺子”。常见到评课或教学研讨时，年轻教师躲在角落里倾听，头深深埋着，不愿意发言，甚至被点名后也百般推脱。其实，是内心真的毫无想法吗？未必。这就失去了一次很好地展示自我、锤炼自我的机会。一个有所作为的教师，要善于利用一切机会，学生会、家长会、教研活动、年终总结等种种场合，表述自己的教育理想，让人了解，被人接受，并对人产生影响。中国不是个重视演讲的国家，历来推崇“讷于言而敏于行”。但从现代教师的发展来看，这一点应该努力改变。

写作也是证明自己是个思想者而不是个庸师的重要方式。作为优秀的教师，要善于把自己的思想写出来，外化成文字，在报纸杂志上登载出来，甚至出版成书，让人读到，看得见摸得着。其实，教师和学生相处一两年时间，都有那么几起感人的故事，都有那么几个教学实践上的精彩点子，但大都遗憾地被湮没了。如果能够勤奋地拿起笔，随时把思想的火花记录下来，发到网络和报刊上，或者建一个属于自己的教育博客，与素不相识的博友们共享。这既是对自己的肯定，也是努力使自己的劳动不被湮没的好方法。写作的幸福感将使你更加热爱思考，一个热爱思考的教师，注定是一个不断向着大师靠拢的人。而现实不容乐观，许多教师最不愿意做的事情就是动笔，甚至写个计划，写个总结，都要借助于网络下载，这与教师这个身份相去甚远。

此外，还要积极参加各级各类的教育活动。师资培训、讲课比赛、演讲比赛、论文评选、教具设计等，要尽可能参加。辛苦一点不算什么，当我们年终清账的时候会发现，自己在各种活动中所收获的显性和隐性的成果，远比当初的付出要丰富得多。

过去说，“木秀于林，风必摧之”，而现在看来，在宽广的教育天地里，只有“木秀于林”，才能享受到更多阳光雨露的滋润，而使人生闪耀出璀璨的光辉！

学会“爱管闲事”

学生在楼道内追逐打闹，大声喧哗，不料正好碰到某老师路过，学生茫然失措、心惊胆战，不知会遭受何种训斥，却见教师昂首阔步，视而不见，毅然离去；学生在校外聚众闹事，或成群结伙，欲进网吧、游戏厅，而恰好下班路过的教师擦肩而过，不予理睬，任学生恣意妄为……

在你的身边，是否发现过类似的情景？你是否也曾经是这生活情景中的主人公？我们的教师为什么会采取如此态度呢？问起来，有的老师会惊诧地说：这不是我分内的事啊。我不是班主任，不是学校领导，这也不是我教的学生，而且又是课间，又是在校外，我非要管这些闲事，岂不是自找麻烦？

看我们的老师振振有词，真的该问一问：难道，这真的是闲事吗？

不要简单地认为教师的任务就是传授知识，其实，我们还肩负着一个重要的职责，就是培养学生成人，成为一个能够适应社会需要的人，教书育人之说即证明了此点。而塑造一个人，培养一个人，仅仅靠45分钟的课堂能够圆满完成吗？显然，那是一厢情愿。学生的成长涉及方方面面，不良的习惯、不良的行为，随时会使我们在课堂上的慷慨陈词、谆谆教导化为泡影。因此，像文章开头所描述的情景，就绝不是小事、闲事了。

如果执意要认为这是闲事，那无外乎一个人的责任心不强在作怪了。如果一个教师不真正地热爱教育事业，不真正地热爱学生，不发自内心地关注和关怀学生的成长，当他遇到所谓的闲事时，自然会睁一眼闭一眼，事不关己，高高挂起，甚至脸不红耳不热地将责任全部推到学校领导和班主任的身上。其实，类似的现象并不少见。学生在课堂上犯了错误，任课教师不加处置，直接交给班主任，事虽关已却高高挂起，只图自己落个清闲自在；班主任不是好好做好学生的思想工作，不想方设法调动各种力量来唤醒和挽救学生，而是推到政教处，甚至推给校长，指望以学校处分这种简单的方式达到管教学生的目的……这是典型的不负责任的表现，这样做，不要说优秀，恐怕连称职也说不上了。

教育需要的是要求一致。当学校根据实际情况，制定出一系列规章制度、纪律要求，所有的教育工作者就自然成为这些规则的执行者、宣传者和监督者。只有每个人对学生的要求一致，才会落到实处。否则，张三老师让向西，而李四老师偏让向东，就会导致学生无所适从、无所顾忌,导致教育的失效。一个优秀的教师应该牢固地树立一种观念：我是学校的一名管理者，我肩负着管理学生的重任。这个重任不仅体现在自己的课堂上，也应该体现在其他任何与学生接触的时间。教师的眼睛里应该永远不揉沙子，发现问题随时指明、纠正、引导，让学生暴露出的错误苗头无处遁形，从而达到防微杜渐的作用。

不要以为不管闲事只是放纵了学生，学生的小错误不断积累，不仅会进而演变为坏的习惯、坏的品行，而且会严重败坏教师在学生心目中的形象。没有责任心，没有正义感，对学生要求不严格，甚至放任自流的教师是不会得到学生的拥护和爱戴的。假设一个教师对学生出现的问题不闻不问、置之不理，你还能奢望回到自己的课堂后，学生依旧信服和敬重你吗？

做个爱管闲事的人，是一个教师主人翁意识的体现。这样的教师才是一个真正成熟、真正优秀的教师，教育的力量会时刻在其身上散发迷人的光泽。

把小事做好

我们有相当一部分青年教师刚刚走上工作岗位的时候并不乏梦想：他们渴望着在教育这个舞台上干出一番大事业，渴望着成名成家、扬名立万。可几年下来，这种热情就逐渐消退了。为什么呢？因为他们发现，自己似乎离梦想越来越远了。整天陷在琐碎的工作里，哪有什么时间做轰轰烈烈的大事？又如何能够显示自己的雄才大略，实现与众不同的抱负？根本没有机会嘛！于是，失落了，失衡了，被“怀才不遇”“壮志难酬”的愁绪包围。工作热情消减，甚至成为不积极、不认真、得过且过群体中的一员。

这让我想起我师范毕业前，我的恩师、中国创造学会副会长唐殿强先生在我的留言本上所写下的一段话：

理想就像鬼火，当你倾尽心力投入到一番事业中的时候，你才能够深刻地理解这句话的含义。

的确，实现梦想并非易事。我们不应该因为它与我们总有一段距离而失去追求的勇气。相反，它更需要我们脚踏实地、一步一个脚印地摸索和追寻。前几年，汪中求先生所著的《细节决定成败》成为畅销书，书中有这样一段话，向我们阐释了成功的真理：

芸芸众生能做大事的实在太少，多数人多数情况下只能做一些具体的事、琐碎的事、单调的事。也许过于平淡，也许鸡毛蒜皮，但这就是工作，是生活，是成就大事的不可缺少的基础。

是啊，天下大事必做于细，离开小事，大事就只能成为空想。当我们不断地从每一件小事中取得一点点小成功，并长期坚持下去，这些小成功就会逐渐扩大成为大事的大成功。

这是否会给我们年轻教师一点启迪？其实，在教育领域，从小事做起更显重要。产品不合格，可以毁掉重新加工，而人的教育耽误了，损失的将是一个人的一生，所以每位教育工作者更要认识到"小事不小"。

管建刚校长对教师的小事曾有过这样的描述：

作为一名教师，你每天做的大抵是这样一些小事：①早上到学校，进班级，看看学生是否到齐了，谁没来，是什么原因。②收上家庭作业，谁没及时交，为什么。③批改作业，谁错了，为什么错了。④晨读开始，尽管有学生组织，但还是去看一下，学生很认真，笑着表扬一下。⑤晨会课，可能讲个故事，可能回顾上周班级常规管理考核情况。⑥和学生们一起做操。⑦要上课了，准备一些教学用具。⑧下课了，利用课间和几个学生交谈几句，课堂作业有问题的学生，此时也需要点拨一下。⑨到办公室，可能有一些表格需要填写。⑩有了点时间，想想明天的课怎样上，或者备下一堂课，情况好的时候，办公室的几个人要扯一下教育趣事或气事。⑪ 中午可能会有学生吵架，需要你去调解。⑫ 批改课堂作业，一边批改一边记录错误的和优秀的案例。⑬ 想上网看教育在线，K12 网。⑭ 想收集一点试题，布置家庭作业用。⑮ 提醒某几个学生，回家别忘了写作业，有不会的，可以打电话给老师，叮嘱学生明天有冷空气，添件衣服。

仔细想想，还真是如此，我们每天做的不就是这些事情吗？

关注小事，教师就要将教书和育人工作中的每一个细节做精做细。教师要关注每个学生，认真批改每一本作业，时刻关注学生的身心发展，关注学生的心理健康。身为人师，教师要注意自己的一言一行，做到上课时不看手机，不说脏话，不乱扔垃圾，不随地吐痰。

关注小事，教师就要在教育中关注学生的每个细节，要求学生写好每一个字，注意句子中的每一个标点，发现实验中的每一个变化，学习用品摆放有序，记录好每天的学习任务，离家、回家时同家长主动打招呼，不在马路上乱跑、玩耍，不骑车带人，不闯红灯，在公共场所不大声喧哗，上下楼梯靠右走，得到他人的帮助时说一声“谢谢”，离别时道一声“再见”，家中来了客人要有礼貌……

教育原本也不是什么惊天动地的伟业，教育只是一些微不足道、平平淡淡、不成体系的片段或细节，每天你都精神焕发地对待学生，每天都跟学生有点“亲密接触”，每天你都准备好了去上课，每天你都想一想教得怎样，每天你都记下教育的轨迹，每天你都做着这些小事，这些小事做好了，我们的教育也就成功了。同时，你会不经意间发觉，自己已从同伴中脱颖而出，成为学校真正的骨干了。

把借口彻底抛弃

在很多学校都悬挂着一条标语：只为成功找办法，不为失败找理由。这句话点明了一个真理：不管从事什么职业，一个能够获得成功的人，必然是遇到问题，首先检讨自身失误的人，而不是满世界找理由、找借口的人。

可是，在我们的教师队伍中，却有一部分人，而且以年轻人居多，做事马马虎虎，只求做完，不求完美，一旦出现问题，只顾找借口开脱。似乎一切都是客观的不利条件造成的，而不从自己的主观上寻找症结。最常见的：

▲“这个学生太笨了，没法教……”对学生评价的单一化倾向，造成部分教师总是埋怨学生基础差、学习态度差、成绩差，而不去想出具体可行的办法来扭转这个局面。基础不好的学生永远存在，学生之间的差距永远存在，教师应该做的是尽量去弥补这个欠缺，而不是无意义的埋怨和指责。

▲“连家长都不管，要我们怎么管？领回家教育，不教育好别来上课……”家庭教育和学校教育各有自己的职责，教师如果一味地把教育的责任推卸到家长的身上，拿家长当出气筒、做挡箭牌，势必陷

入教师与家长之间的缺乏配合、缺乏默契的尴尬中。

▲“我不管你了，去，找你班主任去……”悲哀，难道教育学生的责任完全是班主任的？如此下去，一个教师的威信和尊严从何而来？一个教师的责任如何体现？教书育人，是每个教师应该完成的职责，因此，每个教师都是学生人生发展的引路人，都担负着教育学生成“人”的工作，而不仅仅局限于传授知识。

▲“我没有时间，事情太多了……”说事情干不完的人，往往是责任心不强的人。试想，如果你每天只有两三个小时真正做着教学的工作，其他时间都在闲聊之中荒废了，那你能称作“忙”吗？

▲“您别给我安排这个事情，我真干不了……”既然正常的工作都干不了，那这个教师的称号还好意思戴在头上吗？还没有去做就说做不了，要么是个缺乏勇气、不敢挑战自我的人，要么就是个拈轻怕重、只图安逸的人。这两者，都远远不具备一个成功者的素质。

当利用种种的借口来推脱工作的责任时，我们有没有想过，这样是否对得起学生？是否对得起自己的青春？是否对得起来之不易的人的一生？是否对得起家人和朋友的期待和关怀？

一个害怕承担责任的人，实质上是一个没有控制能力、没有决定能力的人，表现出的是自私、无能、懦弱、胆怯。他无法掌握自己的快乐、幸福、健康和财富，他不是自我的主人，始终在别人的支配下生活，永远享受不了生命的自由，享受不了生活的乐趣。所谓的种种借口，要么是懒惰、贪图安逸，要么是给自己找台阶，这样，人的潜能就不能在一种无路可退的情况下得到开发。教师吃的是良心饭，如果作为教师，习惯推卸责任，习惯转嫁过失，那只能说是一种教育良知的丧失。这样的人，永远不会得到领导和同事的认可，永远不会成为学校乃至教育的中坚力量。久而久之，只剩下懒惰、自私和一事无成，导致自己的人生毫无光彩可言。

相反，只有敢负责任的人，才是主宰自我生命的设计师，才是命运的主人，才能获得生命的自由，才能赢得别人的尊重和爱戴。只有这样，才能收获，才能发展。作为年轻教师，这一点尤为重要。

“对不起。这件事我没处理好，我会继续努力”，当你勇于抛却借口，承担责任，你将获得责任感，你将获得信任感，你将获得良好的人际关系，获得领导、同事、家长和学生的信任，获得成长的动力。

“好的，我马上去做，我相信事在人为，我会尽我的全力做好”，面对学校的各种事务，面对领导的信任，请你果断地收起借口，不要给自己任何思考借口的机会，答应下来，再想具体的方法，而不是把时间和精力浪费在想借口上。年轻的生命应属于创造辉煌的岁月，尽全力做好，给自己压力，给周围的人信任，即使尽全力而未达到预期目的，也会获得公正的评价。

做一个负责任的人，做一个没有借口的人，需要超人的勇敢和高度的事业心。这样做了，就一定能赢得人们的信赖、尊敬和拥戴。中国的基础教育正处于转型期，在这个求新求变的时代，教师的个人责任看似虚无，实则举足轻重。我们不能改变大的环境，我们就只能要求自己坚持责任！

而我们的坚持，就是对学生最好的无声的教育！

建立良好的人际关系

曾经有一位校长跟我聊起他们学校所尝试的新的人事安排制度：校务委员会确定班主任人选，而班级任课教师施行班主任和任课教师之间的双向选择制。结果，部分教师成为班主任追逐的热门人选，而部分教师则遭到冷落，无人问津。

校长谈起这个问题来，感慨很多：一个没有良好人际关系的人，在教师群体中不会受到欢迎，连正常的工作都不能开展，又何谈开创自己的教育事业呢？

北大原校长许智宏说：不管从事什么样的工作，都需要学会尊重人，学会怎样与别人合作，要学会在群体中发挥自己的作用，也发挥别人的作用。美国心理学家卡耐基也指出：一个人事业之成功，30%取决于才能，而另 70% 则取决于其交际能力的大小，即是否与人、与人群进行十分妥善的协调。

教师也是一样，在搞好教育教学工作的同时，还要注意处理好与社会、学校、学生、家长的人际关系，这样我们的人生才会一帆风顺。

对待领导的态度最重要的就是尊重。尊重领导最重要的表现就是工作不拈轻怕重，不怕压担子。作为学校的领导，在考虑问题的时候必然更多的是考虑全局，必要时，我们要牺牲一点个人的利益。领导给我们任务，必然经过了深思熟虑，权衡利弊。给任务的同时也就把机会给了我们，不管是重要的任务，还是次要的任务，都要珍惜，都要努力完成好。千万不能挖空心思找种种借口、种种理由进行推脱。不要轻而易举地说出“我不行”。即使我们面临的任务确实有一定的困难，也要毫不犹豫地先接下来，再去想办法。一个没有能力、没有魄力的人，是不能赢得领导的信赖和尊重的。在工作中要多看、多想、多问，不怕吃苦，不计报酬。在这个世界上，没有任何付出是没有回报的。不要目光太短浅，刚做一点事情就要报酬、要待遇。这样的话，自然会失去工作上应有的地位。对学校工作，不要品头论足、指手画脚，特别是学校的政策一经实施，更不能背后说些偏话、怪话，飞短流长，这样的人必然会被一个集体抛弃。

同事之间要团结合作。一个良好的教师集体是保证学校完成教育任务的必要条件，也是教师充分发挥其聪明才智的保障。与同事交往应该做到诚恳而不虚伪、随和而不固执、热情而不冷漠。少一点埋怨，多几分理解和信任。如果和同事之间出现了什么误会，也要立足于检讨自身存在的问题，这样就能保持融洽的关系。要多跟老同志虚心学习，那将得到更多的经验，少走很多弯路。跟同龄人要相互信任，过去说同行是冤家，其实未必，关键看每个人怎么去做，如果工作中一直处于相互帮助、相互补台的状态，同行之间就会成为合作伙伴，成为彼此发展的助推器。也不要太羡慕教务、后勤、政教等处室的老师，每个人的分工不同而已。严格地说，学校这个大舞台上只有两类人，一类是教师，另一类是学生，而其他人，不过是构筑舞台的支柱罢了。

与家长打交道往往是部分教师的弱项。应该说，教师与家长在培养孩子的目标上是一致的。但这并不表示，教师的所有做法都能够得到家长的支持。我们经常会见到家长和教师因为学生问题发生争执，甚至动起手脚。这里边不排除家长的因素，但作为教师，更应该从自身找问题。在处理学生问题时，教师应该始终站在维护学生利益的立场来分析问题和看待问题，防止因情绪激动而做出过激行为。个别学生、个别家长总是存在的，教师还要善于保护自己，本来出发点是好的，但最终得不到家长的理解和支持，甚至授人以把柄，被家长抓住教师工作中的失误不放，最终导致问题的升级，甚至教师的错误被放大，是得不偿失的。不要动辄就请家长，甚至训斥家长，这样会让家长产生腻烦心理，老师的威信也会降低。也不要把跟家长的沟通直接演变为单纯的告状。另外就是教师不能向家长伸手，主动地、被动地接受家长礼品，都会使教师的形象变得俗不可耐，失去教育力。和家长沟通只有一个准则：为学生创造更好的生存和学习环境，为自己实施教育行为求得更多的支持。永远不要把家长当作自己对学生实施惩罚的武器，否则，久而久之，这样的做法必然会失去家长的支持。

马卡连柯曾说："假如一个学校里有这样的教师集体，在这样集体中的每一个教师看来，全校的成功占第一位，而他班上的成功占等二位，至于教师个人的成功只放在第三位，那么，在这样的集体里才会有真正的教育工作。"这就是说，关心教师集体、维护集体荣誉是搞好教师人际关系的基本要求，作为青年教师，必须时刻维护集体的荣誉，维护集体的团结，正确对待集体中的矛盾，学会从团结的愿望出发，互相谅解，消除误会和隔阂。克服文人相轻，相互学习配合。把个人和集体融合在一起，才能真正成为集体的一员。

莫忘记“山外有山”

经常见到周围有些青年教师，取得了一点成绩，譬如考试时自己的班级名列前茅，或者在省市级赛课中得奖，或者有论文发表等，便扬扬自得，尾巴翘上了天，好像自己有多么了不起了。这样的心态会严重阻碍一个人的发展。

作为一名教育工作者，我不知道是否有必要再来谈谦虚的问题。因为我们是教师，理应成为谦虚做人的典范，否则，又怎么能滔滔不绝地教育学生要谦虚呢？正所谓“为人师表，身正为范”。

但是，现实并不这么简单。看看我们周围，是不是总有这样的声音：

“搞什么学习培训呀，我都教了六七年了，还不是一样过来了，不听报告，成绩照样好。”

“听人作报告还不如自己在家上网呢，收获也不小。再说，这专家也没什么新鲜的，不信你给他一个班，他照样玩不转。”

“我教龄都十几年了，早就是老教师了，我的经验还不够用？像我们这些老教师应该成为免学产品了，还参加什么培训呀？”

每每听到这样的言论，我总有些迷茫、困惑，甚至悲哀、无奈！持有这样观点的，通常是好高骛远、自以为是、刚愎自用、骄傲自满，却不知自己坐井观天而夜郎自大的人。这些人有一些共同的特点：懂得不多，却喜欢卖弄；能力不够，却盲目自信；和同事相处，趾高气扬、强词夺理；研究学问，浅尝辄止，不思进取；与人相处，要求别人的多，要求自己的少；对待家庭，以他为中心支配所有成员，稍有不如意，即刻耍脸子发脾气；汇报工作，夸大自己，贬低别人。

但无论如何，我们不能像这类人那样倔强、那样有见地、那样把自己的思想当作真理而夸夸其谈。否则，我们会觉得无地自容、寝食难安。

孔子的故事或许能够给我们一些启迪：

孔子和自己的学生周游列国，宣传政治主张。一天，他们驾车去晋国。一个孩子在路当中堆碎石瓦片玩，挡住了他们的去路。孔子说“你不该在路当中玩，挡住我们的车！”孩子指着地上说：“老人家，您看这是什么？”孔子一看，是用碎石瓦片摆的一座城。孩子又说：“您说，应该是城给车让路还是车给城让路呢？”孔子被问住了。孔子觉得这孩子很懂得礼貌，便问：“你叫什么？几岁啦？”孩子说：“我叫项橐，7岁！”孔子对学生们说：“项橐7岁懂礼，他可以做我的老师啊！”

也许正是孔子具有这样谦虚宽阔的胸怀，所以“三人行，必有吾师焉。择其善者而从之，其不善者而改之”流传至今。

由此我们足以相信，一个人能否取得巨大的成绩，能否获得周围人们的尊敬和爱戴，是与其谦虚的美德有着重要关系的。谦虚时刻让你认识到自己的不足，让你时刻保持前进的动力；谦虚让你有一颗真诚和包容的心，让你懂得感恩懂得付出；谦虚让你有一个温馨的环境，让你生活得和谐快乐充满阳光。

作为一名教师，我们教书育人，每天播种的是真理，更应勤于学习，善于学习，虚心学习，以科学的态度、谨慎的学风对学生负责，对自己负责，当在说话或讲课时暂时出现了错误，应及时地、态度诚恳地向学生表示歉意，并纠正错误，这样会收到意想不到的效果。

一花独秀不是春

请先看一个案例：

一个学生平时表现不太好，班主任苦口婆心，想尽办法使尽手段，他终于“回心转意”“悔过自新”。不料，才好了两天，在数学课上因听不懂而与旁边同学讨论时，被老师发现后狠狠训斥：狗改不了吃屎！他闻此言极为反感，但却不作任何解释。从此，他自动地沦为了班中最难管教校内名气最响的“后进生”。

如果班主任能够将自己的教育成果与其他老师通个气，如果其他老师了解班主任的工作进展，如果其他老师能与学生平心静气地交流……可惜，再好的假设也无法改变一切，老师的一句气话，就在顷刻之间将班主任的所有心血化为乌有。

由此可见合作的重要性。无数实践证明：如果某一环节缺陷，那么一定会给其他环节构成困难，从而影响学生的正常成长。集体性是教师的职业特点之一，教师的工作是在相互交流合作、彼此协调宽容、共同探讨支持的基础上顺利开展的。学生素质的不平衡性、社会对人才需求的多样性均要求处于基础教育阶段的教师，加强合作，发挥集体的教育力量，以培育社会需要的合格人才。从这个意义上说，没有合作就没有教育。

然而，现实中，教师的合作状况却不容乐观。某地曾对部分教师做过一个调查，其中有一部分内容涉及教师的合作。在“如果自己拥有教学上的秘密武器，你将会＿＿＿＿＿＿＿＿”栏中，有15.93%的老师表示“不会告诉别人”；“如果别人的教学成绩比自己好，你会觉得＿＿＿＿＿＿＿＿”中，填“没面子”“自己下不来台”等的也不少。个别教师主观地认为，哪怕是某个教师暂时的优势也会招来嫉妒；大多数教师在竞争中采取保守姿态，不愿与人合作交流，甚至于有8.2%的教师认为交流仅仅是为了相互利用。在这部分教师中，希望学校领导或教研组长指导自己教育教学工作的，只占29.12%(其中又以新教师为主)；13.19%的教师完全不想别人干涉自己的工作，19.22%的老师对自己学校的发展漠不关心，3.85%的教师认为对成绩突出者可以讽刺打击。这些数据，显现出部分老师集体合作意识是何等淡薄！

而现实中的一些现象也证明了这一点：同年级同学科组教师的教学，进度不统一；组织单元或章节测试，命题不一致；印刷练习试卷，只负责自己所教的班；平时备课方面的交流很少，甚至在关键时刻有所保留；在各种公开课、优质课的评比过程中，也常常是参赛教师单枪匹马地准备，而缺少群策群力的情形；等等。

造成教师缺乏合作积极性的因素有很多，首先，教师文化的保守性和封闭性使教师群体难以以开放的心态去接受新事物。其次是教学模式的影响。在分科教学模式中课堂是封闭的、互相独立的，教师在教学过程中互不干扰、各自为政，教师只要完成自己本学科的教学任务就可以了，不需要与其他教师进行交流或合作。最后是客观因素的影响，如教师工作负担过重、学校客观条件限制、教师奖惩制度的影响、教师缺乏合作的技能等，这在很大程度上阻碍了教师合作的进行。

实践证明，合作具有非常积极的作用：从人际关系上来说，合作是一种黏合剂，它能使同事之间的关系融洽，能使人带着愉快的心境投入自己的工作，提高工作效率；从课堂教学上来说，合作又是一种催化剂，它能集中集体的智慧，相互捕捉新信息、新想法，萌发新灵感，使我们少走弯路，实现资源共享，从而提高课堂教学的质量；再从我们的现实来说，合作是减压器，我们通常不是说做教师苦和累吗，那么合作能使我们在繁重的教学任务中得到解脱，众人拾柴火焰高，解决各自为战不能解决的课题、难题。此外，教师间的良好合作，并为学生示范合作，诠释了合作的真谛。因此，要提倡强调教师间的合作，把一切力量拧成一股绳，认准一个教育目标，切准突破点，多管齐下，同心协力。否则，何谈教育？

作为一个群体中的个体，必须坚守一种信念：只有集体的成功，才有个人的成就。一花独秀不是春，百花竞放春满园。大家有共同的、明确的奋斗目标，有责任感，有宽容和理解的心态，相互认同，允许碰撞出火花，这样的集体才是一个充满活力的、有上进心的、有希望的集体。而集体中的每个成员，才能够健康成长、发展和提升。

学会用欣赏的眼光看待别人

“他也是徒有虚名啊，他讲的这些东西，我不也都知道？不过是能忽悠罢了！”听完专家讲座，有部分教师如此不屑地评说。

“就这还是优质课？指不定是怎么一遍一遍操练出来的，有什么学头？让他到我的课堂上去试试，保管不灵！”观赏了名师优质课，有部分教师照样摇头；

“你这节课太不成功了，照我看根本没有什么可取之处，你看，这些问题多么明显……”听完同事的课，有些老师如此仗义执言、“坦诚率真”。

“就他？他凭什么能够当上先进？论资历、论能力、论水平，哪一样我不如他？”在评优评先的过程中，常听到如此的愤愤不平……

先哲培根的话很经典：“欣赏者心中有朝霞、露珠和常年盛开的花朵；漠视者冰结心城，四海枯竭，丛山荒芜。”面对同样一棵树，有的人看到的是绿叶，有的人看到的却是毛毛虫！心态不同，景致迥然。

学会欣赏他人，就要善于从他人身上，发觉值得自己欣赏的东西；

学会欣赏他人，能历练勇气、开阔胸襟，使自己变得更加大气；学会欣赏他人，能修养人格、提升气质，使自己变得更具人气。

同样，在教育的同行中，不乏我们的楷模、我们的榜样。我们可以欣赏他人的体态美、服饰美、仪表美、品质美；欣赏他人渊博的知识、敏捷的思维、善辩的口才、杰出的才华、精湛的艺术、完美的人格、丰富的爱心、奉献的精神；我们还可以欣赏他人出色的书法、流利的普通话、出众的交际才能、驾驭他人的领导艺术；等等。一切都值得我们欣赏。前段时间，我曾经和大家一起听了一节语文课，课后，很多老师对这节课给了非常低的评价，认为整个教学过程丝毫找不到创新的意识和成功的亮点，几乎是穿旧鞋走新路。可我还是尽力挖掘其闪光点。如这位老师将课后的练习题与教学设计紧密结合，这是许多语文教师忽视的问题；对学生的回答善于倾听，及时纠正学生在回答中的错误；等等。欣赏才能够从他人身上学到东西，如果只是一味地批评，会让我们渐渐失去欣赏的眼光和心境，从而走进故步自封、画地为牢的尴尬境地。

对一个年轻教师而言，学会欣赏就更为重要，这能够让我们在事业刚刚起步的阶段，不断获取强大的动力。

欣赏是要发自内心的，而不是做样子。欣赏他人是别人强迫不了、也是自己不能勉强自己的事，它是一种发自内心的自然流露，自然而然毫不虚假。这种欣赏才是真实可靠的，才能让对方认可，才具有特殊的感染力。欣赏他人，光有认识不行，生硬付诸行动也不行，必须从深层培养自己的处世品格、做人操行、和善待人、真诚不苟。到了这种境界，不必刻意去做，欣赏他人就会成为对人的基本方式和自然格调了。

要多去想想他人的好处。现实中，有些人是你所喜欢的，而有些人与你并不投合，不能让你认同，甚至不免有意见分歧。这样即使拥有欣赏的愿望，恐怕也很难变成自觉行动，更谈不上充分、到位了。但每个人都有自己独到的优点，想想他的优点、好处、趣处，你会忍俊不禁，不觉兴奋起来，乐于接受对方，以此为引子，进而扩展、深化，就会自觉欣赏他、真正欣赏他。

还要注意关注他人的优势。一个人的优势是其魅力所在，对方最能打动你、最让你信服的往往就是他的优势。不同的人优势程度并不一样，有的十分炫目，有的则不那么起眼，就前者而言，容易引起我们的关注和欣赏；就后者而言，则往往为我们所忽视和漠然，这样对方难以对你构成吸引，无法产生一种源自内心的欣赏情绪。对他人的优势加以特别的关注，既是对他人的正确认识、公正对待，也会培养自己对他人的欣赏。

要学会用发展的眼光看待他人。人总是优缺点同在、长短处共存的。优点长处容易赢得欣赏，对缺点短处就要付之冷漠和轻视吗？人总是会变的，所以，要学会用发展的眼光看人，不能盯着他人的缺点短处不放，这才能客观公正，才能让你以理解、宽容、欣赏的态度善待对方。

最后应该注意的是，欣赏他人要向他人学习。要坚信人人都有自己的优点，只要用心都可以发现。首先，要挖掘他人的优点，挖掘他人的优点时应排除个人的偏见，以理智、公正、客观的心态去面对他人。要意识到每个人既有优点，也有缺点，即使一个“一无是处”的人他也会有优点。其次，发现他人的优点就应把他的优点说出来，并由衷地、真诚地赞美他人的优点。最后，欣赏他人就应学习他人的优势之处以弥补自己的不足。善于向他人学习,关键在“善于”。所谓“善于”,就是掌握最佳的学习方法,具备很强的学习能力。

只有欣赏他人,才能与人共生、与人共处,才能真正调动起自身的积极性。一个青年教师一旦掌握了“欣赏他人”这个秘诀,就会走上个人专业发展的高速路。

多种形式寻求帮助

一个人的发展绝不是孤立的。人生活在群体之中，必须善于借助周围人群的力量来发展自己。有些青年教师在工作中过于独立，不善于与人交流，不善于寻求帮助，这大大阻碍了自身成长的速度。一个教师在教育教学过程中难免会遇到这样或那样一些问题，善于以多种形式寻求帮助是非常重要的。

首先，要向校长和其他领导寻求帮助。很多老师遇到问题不愿意跟领导沟通，尤其是不愿意向校长求助。理由很简单：怕！在很多教师的心目中，校长历来都是说一不二的威严形象，自己揣测不出校长的脾气禀性，摸不透校长的治学思路，所以，对于校长出台的制度措施唯有服从和执行，从不敢有任何的质疑，甚至连一些好的建议或意见都被抹杀在教师的思想意识里。也有的老师怕在校长面前丢面子。万一自己跟校长去述说遇到的工作上的困难，校长会不会因此而小看自己？会不会对自己的前途有影响？所以，一些教师为了顾及自己的面子不在校长心目中受损，就本着大事化小、小事化了的原则，尽量不引起校长的察觉和过问。实际上，每位教育工作者在教学管理上都不可能是十全十美的，总会有些不足或缺憾。只有出现了不足，我们才能从失败中吸取教训和积累经验。而且，校长也好，其他领导也好，由于管理上拥有的一些便利，有时候在普通教师眼里很困难的一些问题，放到他们那里能够轻而易举解决，何乐而不为？对一个优秀的校长而言，直言不讳、吐露心扉的老师，他们不仅不会看低，相反，会更加高看一眼。特别是作为青年教师，必须学会主动走近领导，走近校长，从领导那里寻求帮助。譬如，如果你坚持和校长去谈自己渴望学习的心情，那么，下一次外出培训的名单上很可能就有了你的名字。

其次，要向同事寻求帮助。平时，工作中接触最多的就是同事。大家在一起办公，一起生活，彼此了解和熟悉。当我们在工作中遇到问题的时候，他们是最容易伸出手来指点迷津的。教材弄不懂，老教师会帮你讲解；处理学生有困惑，优秀的班主任会给你出谋划策；甚至生活上遇到沟沟坎坎，一帮兄弟姐妹也会帮你出主意、想点子。因此，既要跟大家和睦相处，又要敢于说出自己的苦恼，这样工作才会轻松起来。另外，为了实现经验共享，学校往往会采取一些管理措施，譬如集体备课、教学研讨、师徒帮带等，目的都是增强同事之间的合作意识和合作的机会。这为青年教师提供了更多寻求帮助的途径，要充分加以利用。

最后，作为优秀的教师，还要善于向学生寻求帮助。其实，现在的学生很聪明，接触各种信息的速度远高于老师，如果老师还总摆起一副师道尊严的架子，高高在上，只会被学生看不起。因此，当我们遇到不懂的问题，向学生求助就不足为奇了。

杭州市有个优秀班主任叫徐美琴，专门在班里安装了一个信箱，她经常给班里的学生写信，寻求帮助。例如，有一封信是这样写的：

小 Z：

你作为一名男生，我很需要你的帮助。你知道我今天收到的最好的礼物是什么吗？是你今天上课认真听讲的神态，真的，我没想到！我能收到这么好的节日礼物，我衷心地谢谢你，你说 3 年了，从没好好听过数学课，而今天，你迈出了第一步，说明你能行的！

今天我很忙，忙里偷闲给你写下这些话，也许有些前言不搭后语，请你原谅，但我想，我的意思你是明白的，你是个聪明的、明事理的孩子，只是现在在学习道路上遇见困难，不知所措，这不要紧的，老师等着你的成长，盼着你更大的进步。

她和小 Z 之间的交流就以这样的求助形式展开了，师生从此打开了心结，小 Z 由班里最难管的学生成长为品学兼优的学生。

据说，徐美琴老师信里不乏这样的求助内容，而且，这种做法很奏效。不仅没有被学生看不起，相反，她成为学生心目中最出色的老师。

“师不必贤于弟子”，可惜那些不懂装懂、唯恐丢了面子的老师，往往在学生面前弄巧成拙、颜面大失，不仅无法树立起自己的光辉形象，反而会遭到学生的耻笑，沦为笑谈。

给自己制定发展规划

教师职业生涯规划，就是教师将自己所期望达到的丰富目标明确地表达出来的过程。比尔·盖茨曾说：那些 98% 的人之所以失败，就在于他们从来没有设定明确的目标，并且也从来没有踏出他们的第一步。一个优秀的教师，总是在憧憬着自己的未来，时刻规划好自己未来发展的蓝图。坚定地去追求自己的目标，不管遇到什么样的坎坷和曲折，都一如既往地去追求，最终走向成功。

可惜的是，我在很多场合和年轻教师谈论起教师职业规划的话题，极少有人能够就自己在教育之路上的发展描摹出一条预想的清晰的路线，甚至谈到职业规划，部分教师一脸茫然……

凡事预则立，不预则废。对人的一生而言，同样如此。一个对未来没有想法的人，就不可能获得支撑自己发展的强烈的信念和精神动力。当一天和尚撞一天钟，部分教师陷入如此可悲的工作状态，没有理想，没有追求，何谈在教育这个舞台上有所得、有所获呢？

一位刚参加工作不久的教师经常在我公众号上留言、交流，他把自己拟订的未来 10 年的教师职业生涯发送给我，让我帮助提提意见。他将规划划分为三个阶段，我从中摘录了部分文字：

第一阶段：1～3年，目标是成为一名合格教师。准备用三年的时间，了解学校，了解学生，充实自我，认真备课，及时反思，虚心请教，成为一名合格的教师。争取在三尺讲台上“站稳脚”，力图自己满意、学生满意、校领导满意。

第二阶段：3～5年，目标是成为一名优秀教师。教学科研一起抓，但有所侧重，以教学为主，科研方面以教研论文为主，专业学术论文为辅，每年计划发表3～4篇教研论文，1～2篇专业学术论文。

第三阶段：5～10年，立志成为一名学者型教师。要花大力气搞科研，如果有条件的话，和其他老师合作做一些教学科研项目，例如编一些适合独立学习的教材、教参、课件。另外，加强专业研究，使学术研究进入一个新境界，能独立进行学术研究。

读完之后我很感动。很显然，这位老师虽然很年轻，但他怀有一颗积极进取的心，他不满足于现状，不给自己的发展加“盖子”，结合自身的位置，针对时代的需要，确定了自己发展的愿景和目标，这将成为他发展中富有长久的激励力量的行动指南。我不敢说他规划中的所有目标都能够实现，但只要他肯于沿着这条路执着地去走，就一定会欣赏到比同行者更多的风景。

我曾经到一所学校，专门跟老师们聊起职业规划的话题，结果，部分老师对学校提出的制定个人发展规划牢骚满腹。有的教师说：“逼、逼、逼，我觉得实在太紧张了！”有的教师说：“每月这点薪水，温饱可以解决，但每天看到老教师就看到了自己的将来，我如何预设我的将来？”这恐怕代表了很多老师的真实想法。之所以出现这种情况，是由于教师在制定个人规划时准备不足，导致所谓的规划成了文字游戏。制定规划的意义不明，反而成为负担，大家自然不会对规划感兴趣了。即使写出来了，也会千篇一律，废纸一堆。

规划欲有益，须因人而异。教师职业规划的制定需要从教师的自身出发，需要教师对自己做出客观的分析。既要认清自身的长处，更要剖析个人的弱点，扬长补短方能成效显著。我们进行职业规划不能是海阔凭鱼跃，教师必须了解学校的发展规划、发展策略，以此作为基础来提出自己的可行性目标，要根据学校为教师开辟的专业成长的发展平台，有的放矢地规划适合自己进行的“演出”。

当然，做好规划的前提是要明确自身的优势和不足。认真分析：自己在教育实践活动中提高和升华了哪方面的知识和能力？自己已有的人生经历和体验是什么？曾经做过很多事情，最成功的是什么？为何成功的？是偶然还是必然？是否是自己能力所为？通过对最成功事例的分析，可以发现自己优越的一面，譬如坚强、果断、智慧超群，以此作为个人深层次挖掘的动力之源和魅力闪光点，形成对职业规划的有力支撑。同时，要发现和正视自己的不足，尽量减少其对自己的影响。卡耐基曾说：“人性的弱点并不可怕，关键要有正确的认识，认真对待，尽量寻找弥补、克服的方法，使自我趋于完善。”静下心来，多跟别人好好聊聊，尤其是与自己相熟的父母、同学、朋友交谈。看看别人眼中的自己是什么样子，与自己的预想是否一致，并找出其中的偏差，将有助于自我提高。

干一行爱一行，只有热爱教育事业，才可能全身心地投入，才可能制定出切实可行的发展规划。如果原本就对工作敷衍塞责、穷于应付、不思进取，即使把计划拟成了白纸黑字，也逃脱不了走过场、一场空的结局。

让读书成为常态

新浪网曾搞过一次大规模的教师读书情况调查，后来刊登了题为《教师读书持续走低令人堪忧》的文章，其中有这样一段：

据海淀区教育科学研究所所长吴颖惠介绍，此次调查选取了小学、初中、高中80所不同类型学校、每校选12～14位教师共1011人(其中男教师167人，占16.5%，女教师为844人，占总人数的83.5%)，她认为：调查结果不容乐观。

统计表明，教师阅读时间明显不足。有53.5%的教师平均每天阅读时间不足半小时，教师每周能利用业余时间进行1小时阅读的占15.4%，每周阅读时间为2～3小时的教师占33%，每周阅读时间在4～5小时的教师占19.2%，每周阅读时间超过5小时的教师占27.3%，另有5.1%的教师几乎没有时间阅读。

有专家表示：对于教师职业而言，这样的阅读时间是难以满足知识更新需要的。

的确，在教师这个最应该读书的群体中，却越来越缺少阅读的习惯，缺少书籍的滋养。包括我们很多青年教师，也常常以缺少读书时间和精力为借口，远离经典书籍。这不能不说是一个怪现象。

很多时候，我们这样来定义好老师：兢兢业业，勤勤恳恳，努力钻研教材并将其内容完美无缺地传递给学生，在其教导下，学生成绩蒸蒸日上，自然落得学校领导和家长的一致赞同和推崇。

但是，若干年之后，回头再去回忆这些教师的时候，却总感觉会缺少了一些什么。为什么这些教师的课大多味同嚼蜡？为什么除了埋头题海的烦恼还萦绕心头外，再没留下什么美好的回忆？难道，这样的教师真的是最优秀的教师吗？

一个优秀的教师，不仅仅善于传递知识，更能够将一颗颗稚嫩的心灵打开。那些只满足于讲授课本的老师对学生的影响显然是短暂的，只改变了我们当时的生活；而那些具有宽广的胸怀、深刻的思想，并能将其传递给学生的教师，才真正塑造了我们的灵魂和人格，改变了我们的一生。

我们的教育一直在提倡一种"人"的教育。我们怎样进行"人"的教育？这种"人"的教育显然不是日趋先进的技术所能解决的。对于一个人文问题，技术解决的永远是表面的东西。"人"的教育本质上还是要靠"人"，要靠有相对完整人格和深刻心灵层次的好老师。有了这样的好老师，我们才能完成"人"的传递。

读书无疑是培养完整人格和丰富心灵世界的主要手段之一，对教师当然也不会例外。所以，不读书的老师能够真正成为一个好老师显然是天方夜谭。

但生活在校园，不难发现一个怪现象：在这天天与书打交道的群体中，竟鲜有喜欢与书为伍的人了。老教师如此，青年教师亦如此。

不能不说，这是教育的悲哀，也是教育的变革举步维艰的一个重要症结。

要知道，读书本该是教师重要的生活状态啊！

古今中外的人，所思考的人生问题是相通的。读书的时候，其实是在寻找，寻找问题和目标，寻找知音或向导。你可以与千年前的哲人沟通，也可以得到万里之遥的思想者的启发。人类的精神史是一条河，不读书的人难免游离于这条河之外，会成为空洞的人，贫乏的人。而这样的人缺少精神力量的支持与滋润，会格外呆板和枯燥。

有人或许会反驳：我不是天天在看书吗？呵呵，看看案头堆积的各种教学参考、习题精选、优秀教例，倒也丰富。我看这是一个误区了，要知道，教师无论读多少专业书，也代替不了读读探索人类精神世界的书。对人生、对生活的探索似乎该是教师的必修课。

教师除了在学校里教授学生知识外，还承担着构建社会精神世界的责任。教授学生的过程，就是在构建社会、影响社会。所以，无论什么学科的教师，都需要在哲学、历史、社会等领域有一定的造诣和学养。这样，心灵之泉才不会枯竭，精神世界才不会空洞。面对学生时，才会产生积极的正确的影响。乌申斯基说："教师的人格，就是教师的一切。"很多教育问题并不是教育技术问题，而是教师的人格问题。抛去人格的构建而功利地追逐类似于教学法、教学策略等技术手段，永远不可能触及教育的本质。如果教师的人格不那么崇高了，真善美的观念不那么清晰了，那么，我们传承精神文化的使命如何完成？教师这种人格的形成，这种观念的净化，需要靠长期的书香浸泡和自我探求。

书中教给了我们许多认识和看待世界的方法，孔子、庄子、墨子……亚里士多德、康德、黑格尔……每个人都有一套观察世界的方法，我们可以学学孔子，可以读读康德，也可以兼而有之。我们用自己的头脑思考世界、思考一切。就是在这样的思考中，我们具备了独特的个性。这不正是我们的教育所追求的吗？我们一直在积极地创建个性教育，如果老师不能率先成为个性鲜明的“个人”，而只是生产线的车床，还如何期望我们的学生不成为流水线上毫无个性可言的产品？

对于教师来说，最难的，也是最重要的，就是超越个人，汲取他人的智慧。面对神圣的教育使命，只有博览群书，才会让教师超越个人和校园的局限，才能站在人生与命运的高度来重新思索我们的教育。苏霍姆林斯基说：“读书不是为了应付明天的课，而是出自内心的需要和对知识的渴求。”所以，作为一个有上进心的教师，我们应该时刻扪心自问：读书成为我的生活方式了吗？

用写作提升自己

著名教师李镇西在他所写的文章《写作让我的事业如此美丽》中曾这样说道：

有朋友问我写《爱心与教育》用了多少时间，我说："两个多月。"朋友顿时瞪大了眼睛："嗬！两个多月就写成了一部畅销书，真是快枪手啊！"我连忙纠正说："不，严格地说，这本书我写了16年。因为从参加工作起，我几乎每一天都在写。"

几乎每一天都在写，这是何等的执着啊？环顾我们周围，大部分教师是不愿意写作的，借口无非是工作忙。每天有上不完的课，改不完的作业，辅导不完的学生，做不完的家务活，哪里还有时间写东西呢？再说也无写作灵感啊！每天面对的都是如此琐碎的事情，哪里有对教育问题深入思索的机会？没有灵感，当然也就写不出来了。于是，相当一部分教师在资历越来越老、职称越来越高的情况下，选择了安逸的生活状态，开始故步自封，画地为牢，不读书，不思考，更不愿意总结与写作，对新事物、新理念的理解与接受变得越来越迟钝。久而久之，平庸的“教书匠”的形象就定型了。更可怕的是，这就像一场精神的瘟疫，逐渐波及青年教师，于是，一批批疏于思考、懒于写作的教师诞生了。

我们总说，教师应该有点书卷气。要造就自己的书卷气，最重要的莫过于写作了。如果说教师的生活过程平淡如水，那么写作便是丰富教师内心世界，让生活变得有滋有味的调料。有人曾经提出这样一个观点：“古人云：‘学而不思则罔，思而不学则殆，’把这句话迁移到教师专业成长上，加一句就是‘得而不写则庸’。”这个观点非常准确地点明了写作在提升教师专业水平、提升做人品位上的重要作用。不勤于写作、不善于写作的教师，应该可以归为平庸的教师。

不少教师没有认识到这一点。平时疏于写作，只是到了要评职称或其他急需文章的时候，才抱着功利主义的目的，匆匆炮制。这显然是不好的。写作靠的是平时的积累，靠的是厚积薄发。对普通教师来说，最初的写作就是简要记录自己的教育足迹、思想历程，是自己和自己的对话，而不一定非要为发表才写作。但天长日久，几年、十几年过去以后，这些积累下来的文字就会成为宝贵的精神财富！苏霍姆林斯基为学生写的1000多篇童话、故事、小说和他的许多教育札记，都是他逝世后发表的，而他生前写这些文章都不是为发表而写的。因此，要特别注意平时的积累，把自己思想上的火花随时记录下来。不要因为懒惰，而使这些可能极为珍贵的东西荡然无存。即使是平时学校领导要求写的计划、总结等文字材料，也不能应付了事，因为这些文章很可能是以后你写某篇大文章的一个重要素材。而且，在这些材料的写作过程中，也能不断提高自己的写作功底，如果总是敷衍了事，连简单的材料都写不明白，不能具体、明确、文从字顺地表达自己的所思、所做、所想，怎么能奢求写出传世佳作呢？

作为一名教师，笔耕不辍的更重要意义，则在于使自己的言行和灵魂不断地获得砥砺。坚持写作，就会使我们逐渐摆脱由于平凡工作而容易出现的麻木和迟钝状态，感受人生的色彩斑斓、丰富多彩。“世事洞明皆学问，人情练达即文章”，写作使我们用一双更富洞察力的眼睛去认识世界，改造世界。当我们以写作的方式去捕捉教学工作中隐含深刻内蕴的现象和信息时，就会不知不觉地积累了学识，丰富了生活，深刻了思想。所以，写作能提升我们生命的质量。随着写作的不断深入，我们对教育的认识、对教学的认识也会越来越深刻。一个能够用文字把教育问题阐述清楚的教师，必然是教育教学上的高手。

教师的写作要追求自然朴实，不能故作高深。不要非把简单的问题复杂化，非把朴素的文字加上华丽的装潢。那些玩弄新鲜术语，被高深的理论所充斥的文章，不见得就有多高的档次和价值。我们去读陶行知、叶圣陶、苏霍姆林斯基，去读魏书生、李镇西、袁卫星，会发现，他们的文字中都有一个共性：寓真知灼见于朴实无华之中。但谁能否认他们是教育大家呢？忠实于自己生活和心灵的作品才是真正的高层次，因此，我们的写作要追求思想感情从心底自然而然地流淌，追求用最通俗的语言进行表达，追求“以我手写我心”，这样的东西才更是读者喜闻乐见的，也才更容易打动别人。

写作就是把自己的期盼、思考、感动、困惑变成文字，长此以往，一个教师的气质、情怀、内心世界慢慢地变得纯净、澄明、细腻和丰富，自然就会成为一名真正意义上的文化人了。当我们拿起笔开始记录下我们的世界，我们会发现，自己在教育舞台上，又站到了一个更高的位置。

怎样参加培训才有效

越来越多的培训开始进入我们的生活：国培计划、省市级骨干教师培训、骨干班主任培训、新教师培训，层出不穷。要说，接受培训真的是一件非常好的事情，换换脑子，跳出疲惫的工作，站在另一个高度来重新审视自己的观念和行为，这是充电和激发热情的重要方式。但是，也有很多无奈的地方，最重要的表现就是：培训过程中往往热血沸腾，总想着在工作中要如何去调整和改变，可回到实际的工作岗位，浩如烟海的烦琐工作，立刻将那些想法全部淹没了，一切似乎都不曾改变。有时候听专家讲起一些观点，觉得是和真理来了一次亲密的接触，于是在笔记本上写得密密麻麻，准备要循着此路大干一场，可稍微不小心，就又跑回原有的工作轨道上去了，至于那个写满“真经”的笔记本，也不知道塞到哪个角落了。

这种现象并不鲜见，甚至是常态。于是，大量的人力物力投入了，培训者费尽口舌，被培训者费时费力，可实际效果却并不显著。

培训怎么做才最有效？

其一，培训者应有明确的培训对象意识。这就像在课堂上给学生讲课一样，学生的知识层面、能力层面如何？学生最需要接收什么信息？最容易接受的方式是什么？讲课教师要一清二楚，这样才能选准教学内容和教学方式，才能对症下药。培训同样如此，受众群体的身份是什么？他们最渴望得到的资源是哪些？培训者首先要能够把握这一点，才不会犯下对牛弹琴的毛病。

其二，培训的内容要接地气。培训的目的是什么？是立足于改变教育现状中的问题。教师在实际工作中最大的困惑是什么？培训者要据此设计培训内容。譬如，教师对职业本身缺乏认同感，培训内容就应该着力于提升教师的职业幸福感；教师自身的教学基本功底有问题，则要进行教学技能层面的培训和培养。这样的培训内容才来自教师，才接地气，学起来才“解渴”。因此，有权力制订培训计划的部门要肯于深入一线，了解教师的真实想法，以免培训高高在上，空洞无物。

其三,受训者要有遴选和甄别的意识。培训专家即使是带来了“真经”，也很难是放之四海而皆准的真理。地域差异，校情不同，很难有完整的经验能够照搬。有些原本平时工作和管理蛮有思路的人，在听了很多专家的讲座以后，觉得每个人讲的都很有道理，觉得每个专家讲的管理思路都非常好，于是就到处借用、套用，到了最后本来属于自己的思路却没有了，满脑子都是专家的思路。东施效颦，妄自菲薄，往往会使工作方法和技巧脱离自己的实际，于是处处碰壁。这样的做法显然得不偿失。培训学习就是立足于自身现实的基础上，借鉴他人经验，完善补充，吸收有益的营养成分。因此，遴选和甄别尤为重要。不分青红皂白盲目地生搬硬套，注定会种下恶果。

其四，受训者要有行动起来的意识和决心。培训立足于改变，改变依靠的是行动。每次参加培训，不能奢望全部消化和吸收所学到的内容，那是不现实的，也是不可能做到的。但参训教师必须抱定一个意愿：在某些最有感触的点上，一定要真正在教学实践中去做一点尝试。不可作为一个对理想教育的空想者，要做实践家。在行动中体验、反思，经历成功或者失败，这都是促使培训效益最大化的必经之路。只要有一个想法，一个做法，为我所用，纳入我原有的思想、方法体系中，就是最大的收获了。

懂得“超越失败”

跟一个老师谈起“失败”的话题，她感慨自己在教师这个岗位上的不成功，空有一番热情，却总消泯不了失落感。想进行课堂改革，却觉得举步维艰；想跟学生处好关系，又觉得尺度难以拿捏。总之，话里话外，一个字：难！

这不禁让我想起一个并不新鲜的命题：超越失败！

任何人的成长都不可能一帆风顺。一个在事业上一帆风顺的人，一个没有经受失败煎熬和挫折折磨的人，不可能具备很强的心理承受能力；一个没有优良心理素质的人，不可能经得起漫长人生路上的各种压力和考验。而心理承受力是在失败的不断搓揉中诞生、增强的，就像面粉要揉成具有韧性和柔性的面团，放上水后捏，捏一遍两遍不行，再捏，再揉，捏上百遍，揉上千遍，它就不散并且有韧劲了。人何尝不是如此呢？

我们经常看到教育界的名师、大师们在大型课堂教学观摩会上，没有丝毫紧张与慌乱，谈笑风生，妙语连珠，课堂在众人钦佩的眼神中余音绕梁，回味无穷，其精湛的教学艺术令人称道不已。但是如果有机会走近他们，如果能深入了解他们，我相信，每一位名师都历经过失败的痛苦搓揉。小语界著名特级教师薛法根，屡次提起年轻时上的一堂公开课，那节课是学校隆重推出的，邀请了三省一市的专家和领导，但他上砸了，砸到自己都不知道怎样走出教室。但是这次失败带给他很多收益，暴露出的问题，让他真实地、彻底地了解了自己，从而找到了前进的方向。失败不仅没有让他消沉，反倒让他拿出了从零开始的勇气，让他静下心来沉浸到再研究中去。每次谈及经历，薛老师都会说起那次失败。从某种意义上讲，正是那次惨痛的失败成就了他后来的成功。几年前我读过一本书，名字就叫作《教育有悔》，记录的都是一些名师在成长过程中所经历的失败的案例。在痛苦、悔悟中，也强烈地感受到了失败带给他们的无穷动力。毫不夸张地说，在每一个成功者的脚下，都有失败的基石垫着，他们之所以伟岸，是因为他们站在了那些我们不愿意站的失败的基石上。我们看到他们成功的风光，而没看到他们的脚下，也曾经和你我一样，泥泞不堪。

是的，成功者之所以成功，就因为他们在失败的熔炉里冶炼了，因为他们能忍受常人不能忍受的困境，因为他们懂得困境后的五分钟就是光明和温暖。作为一名教师，也应该深深懂得，一个没有历经失败的熔炉考验和锤炼的人，即使获得成功，那也难逃偶然之说，难逃最终的低落和失败。此刻或许你正为一次赛课的失败而痛苦，或为自己的一项教改实验没有取得相应的成效而懊悔，或许你的教学论文评比又名落孙山，或许你带的班没有取得理想的成绩，或许你跟家长和学生又产生了似乎看起来不可调和的矛盾，那么你要知道，这是上苍对一个成功者必然的垂青，这是让你在考验中获得优秀的心理承受能力，跨过这一道坎，你将处变不惊，你将从容优雅。不管你经受何种失败，你不会贬值，只会升值，只是这些价值，目前还没有适当的方式和机会展露出来，它需要在下一轮的实践中给你惊喜。

坚持就是胜利。真理有时候就是这么简单！

做自己的救世主

说实话，当教师，尽管是我心甘情愿的选择，但并不意味着我对教师这个身份的完全认同。

1997 年，我从乡下调入城区，27 虚岁就成了教育局的语文教研员。也算是春风得意吧？恰好赶上局机关福利分房，我意外地搭上了末班车。这本是天大的好事，但对我来说，却有苦难言。积贫积弱的家境，让我结婚的时候，不仅没办法像现在的年轻人一样，一上来就有房有车有存款，反倒是在分家的时候欠了一笔不小的外债。建好的楼房就静静地矗立在那里，诱惑着我。怎么办？那时候，我才真切地感受到每月的薪水意味着什么。区区几万元的房款，让我求爷爷告奶奶，看遍了脸色，听遍了冷嘲热讽，好不容易才凑齐。我倒是理解这一点，就你这点经济实力，天知道你还款的日子在哪里？钱借给你，怎么放心？

接下来，只有勒紧裤腰带，从牙缝里一点点抠钱。怎么也不能让人瞧不起自己啊？我记得非常清楚，有一段时间，我兜里装着全家唯一的“财富”——十元钱，整整熬了十天的时间，愣是一分钱没花。全家人每天就靠啃馒头就咸菜度日。其情形到现在都历历在目。结果，